絵で読む

般若心経

色即是空 篇

桑田二郎

摩訶般若波羅蜜多心經

観自在菩薩行深般若波羅蜜多時照見五
蘊皆空度一切苦厄舍利子色不異空空不
異色色即是空空即是色受想行識亦復如
是舍利子是諸法空相不生不滅不垢不淨
不增不減是故空中無色无受想行識无眼
耳鼻舌身意无色聲香味觸法无眼界乃至
無意識界无无明亦无无明盡乃至無老死
亦無老死盡无苦集滅道无智亦无得以无
所得故菩提薩埵依般若波羅蜜多故心無

罣礙无罣礙故無有恐怖遠離一切顛倒夢
想究竟涅槃三世諸佛依般若波羅蜜多故
淂阿耨多羅三藐三菩提故知般若波羅蜜
多是大神咒是大明咒是无上咒是無等等
咒能除一切苦真實不虛故説般若波羅蜜
多咒即説咒曰
羯諦羯諦　波羅羯諦　波羅僧羯諦　菩提薩婆訶

般若心經

目次

色即是空篇

（　般若波羅蜜多篇に続く　）

過去の因を知らんと欲せば
現在の果を見よ
未来の果を知らんと欲せば
現在の因を見よ

運命と宿命について

運命は
いのちを運ぶ
と書く……
宿命とは
いのちに宿る
と書く……

私が人間として生れ
自らの「いのち」を運ぶ中で
さまざまなことがあった。
人生の歩みの中で
さまざまなことが待ち受けていた。
それらのすべてが運命だ。
運命とは自らの
「いのち」を運ぶところに
あらわれる現象だ。

だが私が
自分の「いのち」を運ぶ以前に
宿命というものを持っていた。
生れる時すでに逃れようのない
「いのち」の定めを担っていた。

まず私は人間という名の動物だ。
ままならぬ肉体を持っている。
男という性《さが》を持っている。
さまざまな、捨てることの出来ない
欲望を持っている。
選びようのない環境の中に生れた。
そして、否応なく老い、病み
いつかは死んでゆく。

それらのすべては
私の意志とは関係なく
生れた「いのち」と共にあった。
生れた「いのち」に宿っていた。
宿命とは
定められた命の条件だ。

一人ひとりの
運命はさまざま
一人ひとりの
宿命もさまざま
恵まれた人と
恵まれない人……
その違いは
カルマ（業《ごう》）から
あらわれてくる
という……

カルマとは……
心に何かを思い
行動する時、それは
何らかの結果となって
自分にかえってくる
原因と結果をつなぐ
因果の法則!!
それがカルマだ。

原因のあとに、すぐに結果の
あらわれることもある。
何日もたって縁をめぐってから
あらわれることもある。
あるいは何年、何十年も過ぎて
原因も忘れた頃になって
思いもかけない結果となって
あらわれることもある。
カルマの姿はさまざまだ。

死
さらにカルマは
この一生を超えた
次の一生の中にも
あらわれるという。
宿命
でろ〜ん
カルマ
来世

つまり宿命とはカルマのあらわれだ。
人はそのカルマと共に運命をたどる。
運命の中で未来のカルマを作り
さらに来世の宿命となるカルマも
運命と共に作られてゆく。

宿命
カルマ
カルマ
気にくわん!
気にくわん!
運命

だから悪いカルマを
作っちゃいけない。
いやな心を持っちゃいけない。
怒り、憎しみ、ねたみなど
それらに伴う行動はすべて
良くないカルマに結びつく。
悪いカルマが
未来の運命をさらに悪くし
無限に続く宿命を
苦痛に満ちたものにしてゆく。
それこそが逃れようのない
地獄の正体なのだ。

ドシャッ
カルマ
カルマ
カルマ

瞑想《めいそう》の中で
何かが私に教えてくれる。

人は死んですべてが終りに
なるのではない……と。

今、こうして生きているのも
はるかな過去世から延々と
続いているカルマの
あらわれだ……と。

地獄に向うカルマは断ち切らねばならない。
この一生のうちに過去から続く悪いカルマを
断ち切る知恵を得なければならない。
その知恵が「般若心経《はんにゃしんぎょう》」に記されている。
「般若心経《はんにゃしんぎょう》」を理解することによって
過去の賢者の知恵を自分の中に
生かすことが出来る。
その知恵によって、この世で生きる上での
苦悩が取り除ける。
そこで悪《あ》しきカルマは絶ち切られる。
それが「悟り」だ。
「仏」の知恵だ。

般若心経《はんにゃしんぎょう》とは何か？

ハンニャシンキョーとはありがた〜〜いお経のことだ
おがめ！
般若心経
ありがたや〜
ナンマイダ〜
ナンミョーホーレンゲ〜
アーメン〜
そのたオーゼー
ねえ、ねえどうしてありがたいの？何がありがたいの？どういう風にありがたいの？どういう訳でありがたいの？
おせ〜ておせ〜て
う〜〜
うるひゃい！
訳なんかどうでもいいいっありがたいお経だからありがたいんだ
コテカン・トロプス・ペケシネス
（固定観念鈍《トロイ》です、ペケ！死ね！すぐ！）
固定観念のかたまり。思い込みの中で条件反射する単細胞生物。退化人間の代表。
ペケね！
死怪者

カンジーザイ ボーサツハンニャ ハラミター
何だ何だ ありゃ何だ
ソハタオーゼー
シキソク ゼークー
ソクセキ ぜひ食う と いってるよ
きっと 腹減ってる んだろう
あいよ! ソクセキ ラーメン 食いなはれ
しずしず…
ドボン
アキレガエル
コテン!
即席ぜひ食う ではありません 色即是空《しきそくぜくう》! これはお経で あります
ばかもん! こんなところで お経だなんて えんぎでも ねえっ!
コテイカン

ねえ、どして
お経がえんぎ
悪いの？
お経は
葬式の時
となえる
もんだ！
葬式は
人が死んだ
時にやる
もんだっ
コテカン
コテカン
ミリロガリ
アホ
カ
ッ
誰も死んじゃ
いないのに
お経を
あげるなんて
えんぎが
悪いんだっ
コテカンドロップス
じゃ
お経って
ソーシキ
ソングのこと
なの？
ばっかもん!!
お経を
ソーシキ
ソングとは
何事かっ
バチアタリ
め!!
云う事がヒシキヤカ
メッキャカなので
ありま〜す
お経は
葬式の唄では
ありませーん
のたまい
アキレガエル
本来お経とは
人が生きる上で
ぜひとも気が
付かねばならぬ
仏の知恵の
言葉なので
ありま〜〜〜す
お経

気付かねば
ならないことって
な〜〜〜に？
ホトケの知恵って
な〜〜〜に？
シリタガリ
この方
ホトケ様
色《しき》即《そく》是《ぜ》空《くう》
空《くう》即《そく》是《ぜ》色《しき》
けっ！
そんなの
ホットケ!!
ホットケ
ゴキ
人間はがっぽがっぽと
おゼゼを稼いで……
うまいものを
たらふく
飲み食いして
……
おもしろおかしく遊んで
く・そ・して寝てりゃ
そのうち死ぬのさ！
あとにな〜〜んにも
あるもんか！
チータカタ…
チータカタ…
……昇天…

ケケケ…
ホトケの知恵なんざどうでもいいよ
ジョ〜〜〜イ
ゴキ
ひっ!
不垢不浄《ふくふじょう》
ホットケ
本名
ゴキ・ヒネクレス
(ごく、ひねくれてます)
通称ゴキ
金と権力を人生の価値とする神仏くそくらえ主義
人生に敗北するとますます心がひねくれて犯罪者にもなってゆく
死怪者
てやんでいホトケ拝んでてメシが食えるか!ホトケよりおゼゼの方がありがたいよ!!
色即ゼニ金
金即ゼニ色
ゼニゼニ教
くあ〜〜ん

しかし人間は
いくら金を持っても
いくら権力を得ても
色々な苦しみが
ついてまわる……
詩ニン
そんなこと
当り前の
ことじゃねえか
あほか！
ケッ！
しらけるネ
おエライ様御席
金がなければ
ないで苦しみ
金があれば
あるで苦しむ
権力をめざせば
めざすで苦しみ
権力を得れば
得たで苦しむ
はひ〜〜〜へ

もてない奴は
もてないで苦しみ
もてる奴は
もてることで苦しみ
性ホルモン
愛のムチか親のエゴか
反抗
親は
親として苦しみ
子は子なりに
苦しむ……
病
事故
事故や
不幸に苦しみ
病気に苦しみ
老いて死んで
ゆくことに
苦しむ……
死
不幸
終着駅

人はこの世に生きている限り常に苦しみはついてまわる……
死ニワスレ
ナキ
生きるのや～だよ～っ
うえええええ～
じゃ死ね！
死ぬのや～だよ～っ
およよよ～～ん
じゃ生きとれ
どっちもや～～だよ～～っ
およよよよ～
ナキ
ズズズズズ～…
カーちゃん
かぁ～っ
これでいいの
こうした人達のためにホトケの知恵が必要なのです。般若心経《はんにゃしんぎょう》にはこの世に生きる人々を苦しみの中から救うホトケの知恵が書き記されているのです。
般若心経
死怪者
ホントよ！

観自在菩薩《かんじざいぼさつ》
行深般若波羅蜜多時《ぎょうじんはんにゃはらみったじ》
照見五蘊皆空《しょうけんごうんかいくう》
度一切苦厄《どいっさいくやく》……
お経が何でありがたいのか俺にゃさっぱり分らんね
お経はありがたいものと決ってるだからありがたいんだ！
ナンマイダー ナンマイダー
それにしても何いってるのか全然分らんよ
は〜〜〜っ お経に意味があるなんて考えたこともなかったね お経はただお経として聞いていたからなあ
ヨガリのおじさん！分る言葉になおして読んでくれない？
次のページ読め！
ヨガリ

般若《はんにゃ》波羅蜜多《はらみた》心経《しんぎょう》

観自在菩薩《かんじざいぼさつ》は
深般若波羅蜜多《じんはんにゃはらみた》を行《ぎょう》じし時
五蘊《ごうん》は皆空《くう》なりと照見《しょうけん》して
一切の苦厄《くやく》を度したまえり

舎利子《シャーリプトラ》よ
色《しき》は空《くう》に異ならず
空《くう》は色《しき》に異ならず
色《しき》は即ち是れ空《くう》
空《くう》は即ち是れ色《しき》
受想行識《じゅそうぎょうしき》もまたかくの如し

舎利子《シャーリプトラ》よ
この諸法は空相にして
生じることなく滅することなし
垢《く》ならず浄《じょう》ならず
増すことなく減ることもなし

ねえ！ 般若波羅蜜多《はんにゃはらみた》の行《ぎょう》って…… 何のこと？ 五蘊《ごうん》って…… 何のこと？
おせ〜て
五蘊《ごうん》とは 存在を成り 立たせている 五つの要素 色受想行識《しきじゅそうぎょうしき》 のこと！
色――あらゆる物質的現象
受――苦楽を感応する感覚
想――感覚に応ずる想念
行――行動をうながす意志
識――認識・知識などの意識
般若波羅《はんにゃはら》蜜多《みた》の行《ぎょう》 とは 今わしの やってる ことじゃ
知恵の完成の行

この故に空《くう》の中には色《しき》はなく
受《じゅ》も想《そう》も行《ぎょう》も識《しき》もなく
眼耳鼻舌身意もなく
色声香味触法もなし
眼界から意識界に至るすべてがなく
無明《むみょう》から老死に至るすべてもなし
苦集滅道《くじゅうめつどう》もなく智《ち》もなく得もなし
得る所なきを以ての故に
菩提薩埵《ぼだいさった》は般若波羅蜜多《はんにゃはらみた》により
心をおおうものなく恐怖もなし
一切の心の迷いを離れて
涅槃《ねはん》を達成する
過去、現在、未来のあらゆる仏も
般若波羅蜜多《はんにゃはらみた》によって
この上ない正しい悟りを得られた
故に知るべし
般若波羅蜜多《はんにゃはらみた》の大いなる真言《しんごん》
大いなる悟りの真言《しんごん》、無上の真言《しんごん》
無比の真言《しんごん》は一切の苦を除き
真言《しんごん》にして偽りなし

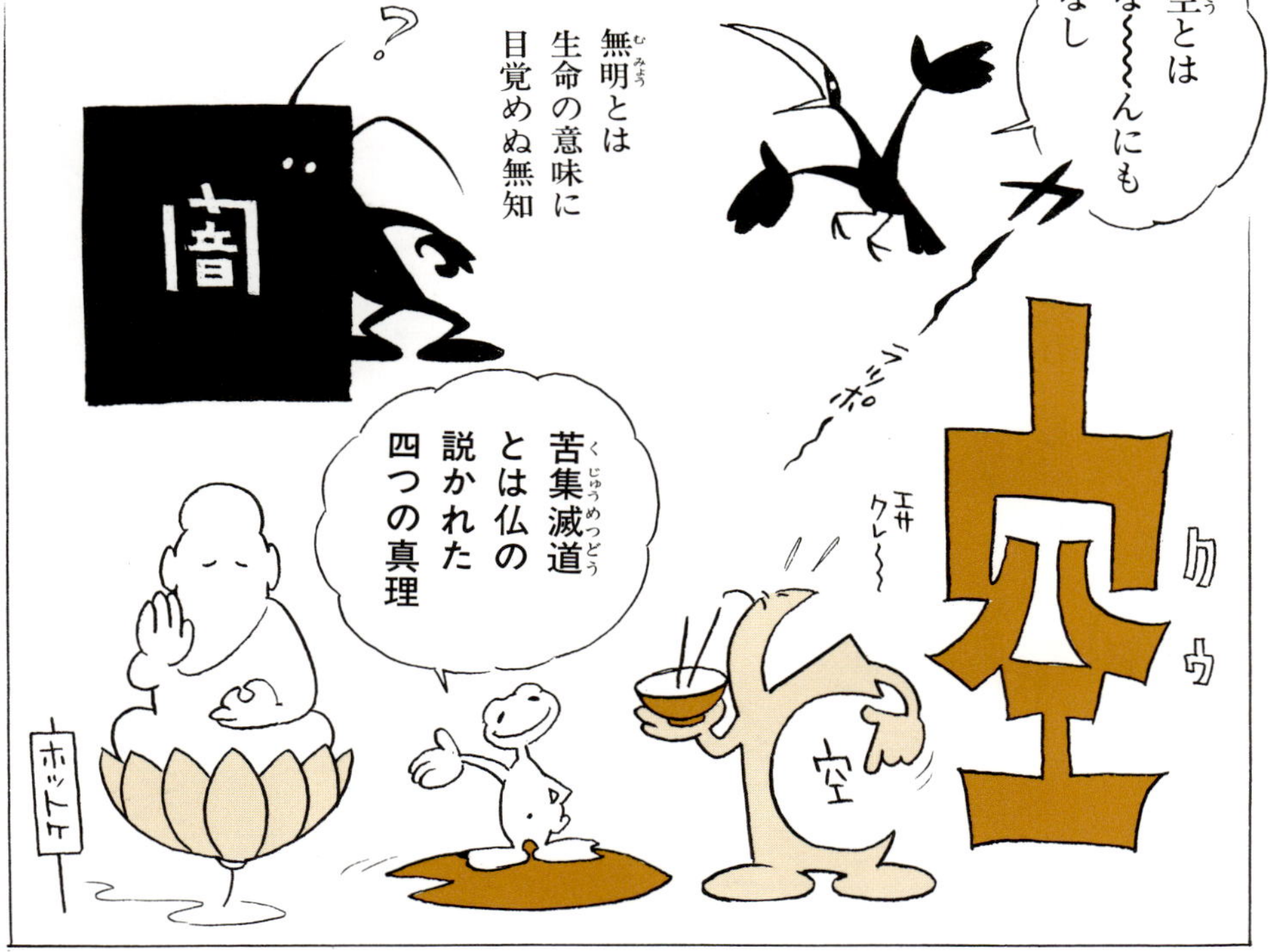

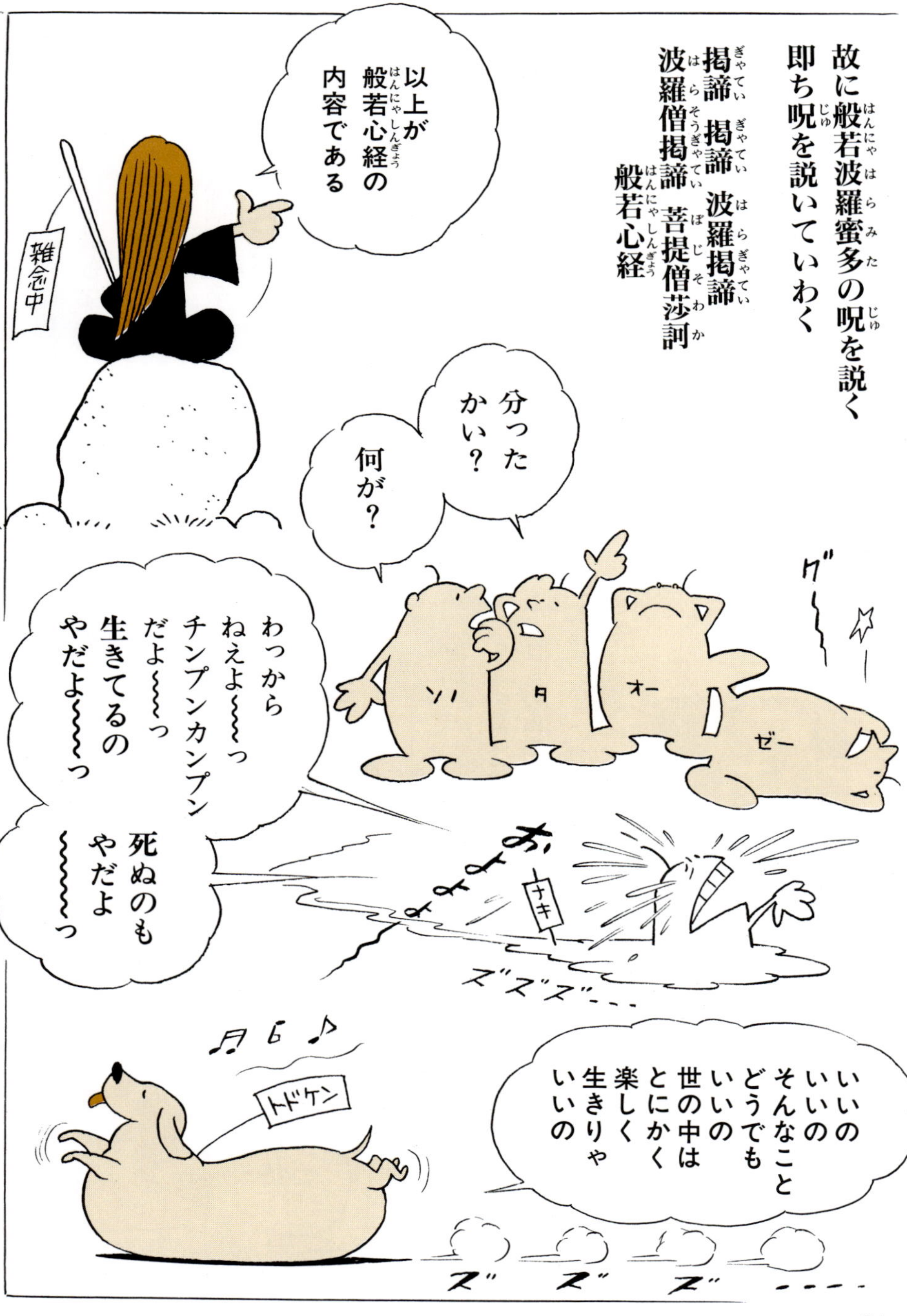
故に般若《はんにゃ》波羅蜜多《はらみた》の呪《じゅ》を説く
即ち呪《じゅ》を説いていわく
掲諦《ぎゃてい》 掲諦《ぎゃてい》 波羅掲諦《はらぎゃてい》
波羅僧掲諦《はらそうぎゃてい》 菩提僧莎訶《ぼじそわか》
般若心経《はんにゃしんぎょう》
以上が般若心経《はんにゃしんぎょう》の内容である
雑念中
分ったかい？
何が？
グ〜〜
ソ
タ
オー
ゼー
わっからねえよ〜〜っ チンプンカンプンだよ〜〜っ 生きてるのやだよ〜〜っ
死ぬのもやだよ〜〜っ
おーよよよ
ナキ
ズズズ…
トドケン
いいのいいのそんなことどうでもいいの世の中はとにかく楽しく生きりゃいいの
ズズズ----

分らなくたって
いいんだ
お経は分らないから
ありがたいんだ
ありがたけりゃ
それでいいんだ
うん！
コテカーン
は
なるほど
そういう
もん
かね
……
ソノタ
オーゼー
コテカン
トロプス
けっ！
ばかばかしい！
すべてが
空《くう》だからって
それがどうしたの？
現に俺達は
こうして生きてるし
痛いもんは
たしかに痛い！
苦しい時には
たしかに苦しい！
それが空《くう》だと
分れば悩みは
消えるだなんて
そりゃただの
観念論だよ
言葉の遊びさ
みんな
ぜんぜん
分らないって
いってるよ
もっと
やさしく
説明してよ
では、もう一度
次のページを読め！
ヒトリ
ヨガリ

般若《はんにゃ》波羅蜜多《はらみた》心経《しんぎょう》

(漢訳とサンスクリット原典との食い違いをつなげて解釈する)

聖なる観自在菩薩《かんじざいぼさつ》が
彼方に至る知恵を究めつつあった時
すべての存在を成り立たせているのは
五つの要素(五蘊《ごうん》)であり
その五つの要素の実相は
「空《くう》」であると見極めた。

(以下、観自在菩薩より求道者シャーリプトラへの語りかけ)

舎利子《シャーリプトラ》よ!
この世における物質的現象(色《しき》)は
「空《くう》」によって成り立っている。
「色《しき》」と「空《くう》」は別のものではない。
「空《くう》」が物質的現象となって
あらわれているのだ。

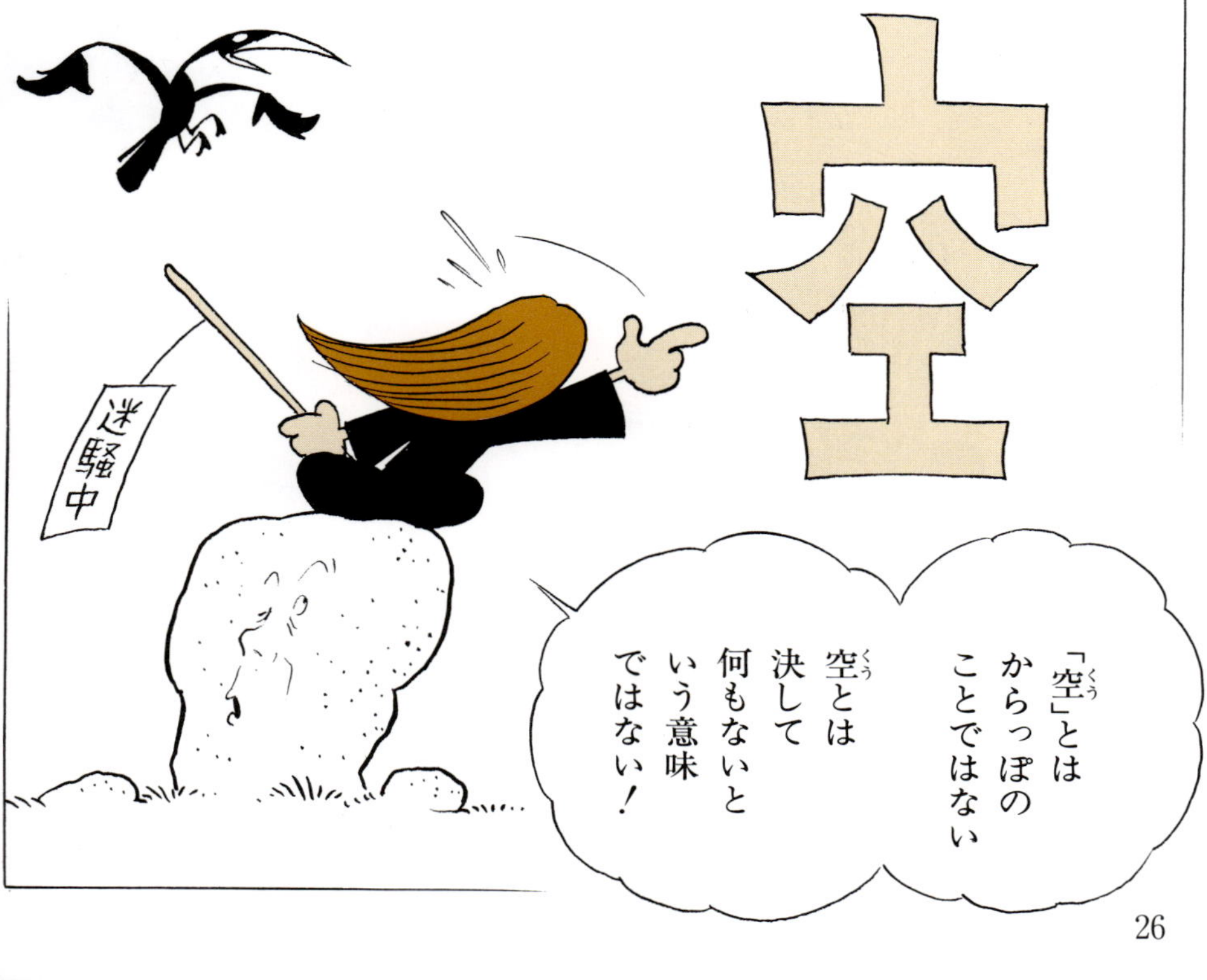
空
迷騒中
「空《くう》」とは からっぽの ことではない
空《くう》とは 決して 何もないと いう意味 ではない!

同じように
苦楽を感受する感覚も
感覚に応じてあらわれる想念も
行動をうながす意志や衝動も
認識や知識などの意識も
すべてが「空《くう》」の働きだ。
舎利子《シャーリプトラ》よ！
あらゆる存在の法則性が「空《くう》」なのだ。
「空《くう》」は生じることも滅することもない。
汚れや清らかさを超えたものだ。
足りなくも完全であることもない。
それゆえに舎利子《シャーリプトラ》よ！
「空《くう》」の次元には
いかなる物質的現象もなく
あらゆる感覚器官もなく
それらの働きも働きの対象もない。

「空《くう》」を何もないという意味にとらえると般若心経《はんにゃしんぎょう》の教えが何の意味もなさぬものになっちまう
パパッ
「空《くう》」をからっぽと解釈するとあとの意味がぜーんぶずっこける！

目の領域から意識の領域に至る迄
ことごとく何もない。
悟りもなく迷いもなく
無明《むみょう》から老死《ろうし》へとめぐる「輪廻《りんね》」もない。
そこには苦しみもなく
苦しみの原因もなく
苦しみの停止もなく
苦しみを制する道もなく
知ることも得ることもない。
そこに至って求道者は
「般若波羅蜜多《はんにゃはらみた》」と共に
心をおおうもろもろの煩悩《ぼんのう》から離れ
ついには「涅槃《ねはん》」を達成する！
過去、現在、未来において
「涅槃《ねはん》」を達成したすべての仏陀も
「般若波羅蜜多《はんにゃはらみた》」によって
完璧な悟りに目覚めたのである！

般若心経《はんにゃしんぎょう》はただの観念論なんかじゃない!!
般若心経《はんにゃしんぎょう》は般若波羅蜜多《はんにゃはらみた》の具体的な実践の方法を我々にすぐに出来るように教えているんだ！
ひ〜〜こら！

それゆえに人は知るべきである！
「般若波羅蜜多《はんにゃはらみた》」の大いなる真言《しんごん》を。
これぞ悟りに至る真言《しんごん》であり
無上にして無比の真言《しんごん》は
一切の苦悩を取り除き
真実にして偽りなし!!
般若波羅蜜多《はんにゃはらみた》によって
その真言《しんごん》は次の如くに説かれた。

ガテー《gate》　ガテー《gate》　パーラガテー《pāragate》
パーラサンガテー《pārasamgate》　ボディ《bodhi》　スヴァーハー《svāhā》

（往きて……往きて……彼岸へと往きて……まさしく彼岸へと往きて……悟りよ、成就!!）

ここに彼岸《ひがん》へ至れる知恵が完成する。

般若波羅蜜多《はんにゃはらみた》は空《くう》の瞑想《めいそう》のことだ！
そして、この真言《しんごん》こそ空《くう》の瞑想《めいそう》に至る仏の霊力を秘めた呪文なのだ

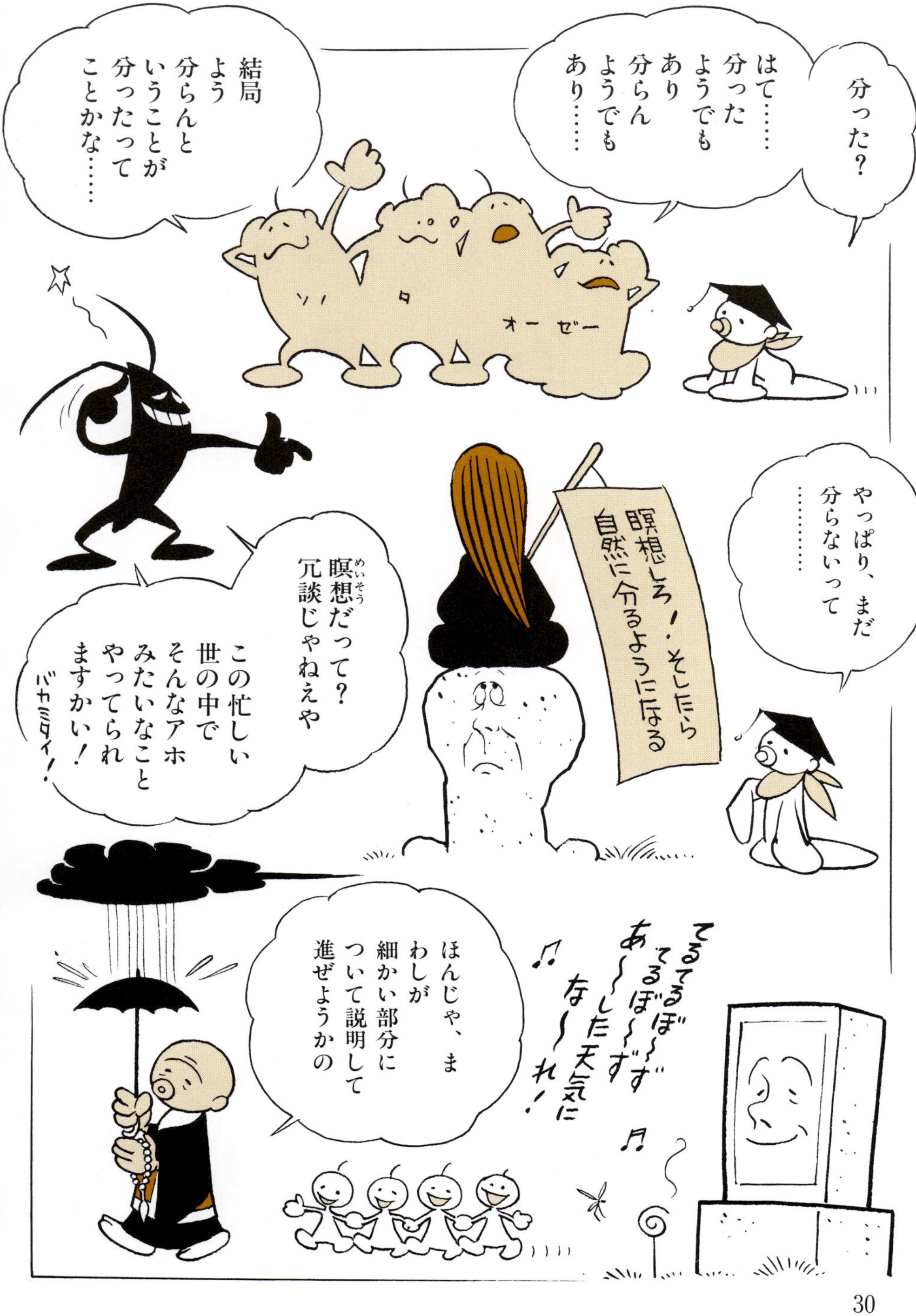
分った？
はて……
分ったようでもあり
分らんようでもあり……
結局
よう分らんというこが分ったってことかな……
オーゼー
瞑想しろ！そしたら自然に分るようになる
やっぱり、まだ分らないって……
瞑想《めいそう》だって？
冗談じゃねえや
この忙しい世の中でそんなアホみたいなことやってられますかい！
バカミタイ！
てるてるぼ〜ず
てるぼ〜ず
あ〜した天気にな〜れ！
ほんじゃ、ま
わしが細かい部分について説明して進ぜようかの

仏教はいうまでもなくシャカムニ・ブッダつまり、お釈迦様の教えです。

お釈迦様の姓はゴータマ名はシッダールタ。

生れは紀元前四六三年とも、五、六百年ともいわれているが、何しろ大昔のことなので結局本当のところは、よく分らないようです。

釈迦如来を象徴する
梵字《ぼんじ》——「バク」——
(悉曇《シッダン》文字とも呼ぶ)

インドのカピラ国の王子として生れ、29才の時、城を出て何年もの苦行を続け35才の時、ボダイ樹の下で夜明けと共にすべての真理を極め、ついに悟りを開いたといわれています。

お釈迦様の教えを
最も短かく最も簡潔に
まとめたお経が、この
「般若心経《はんにゃしんぎょう》」です。
般若心経《はんにゃしんぎょう》を
サンスクリット語から
中国語に訳したのは
唐の玄奘三蔵《げんじょうさんぞう》と
されています。

サンスクリット語とは古代インドの言葉ジャ！

「三蔵《さんぞう》」とは仏教の経・律・論の三部の経典に通じた高僧の称号である
経
論
律

経蔵――――釈尊の説教の集成
律蔵――――戒律についての集成
論蔵――――哲学的理解の集成

三蔵《さんぞう》法師玄奘《げんじょう》は六二九年
二十九才の時、長安を出発し
実に十数年もの歳月をかけて
何度も死にそうな目に逢いながら
膨大な量の経典を持ち帰りました。
「孫悟空」で有名な「西遊記」は、
この命がけの旅を、面白く
物語りとして作ったものです。

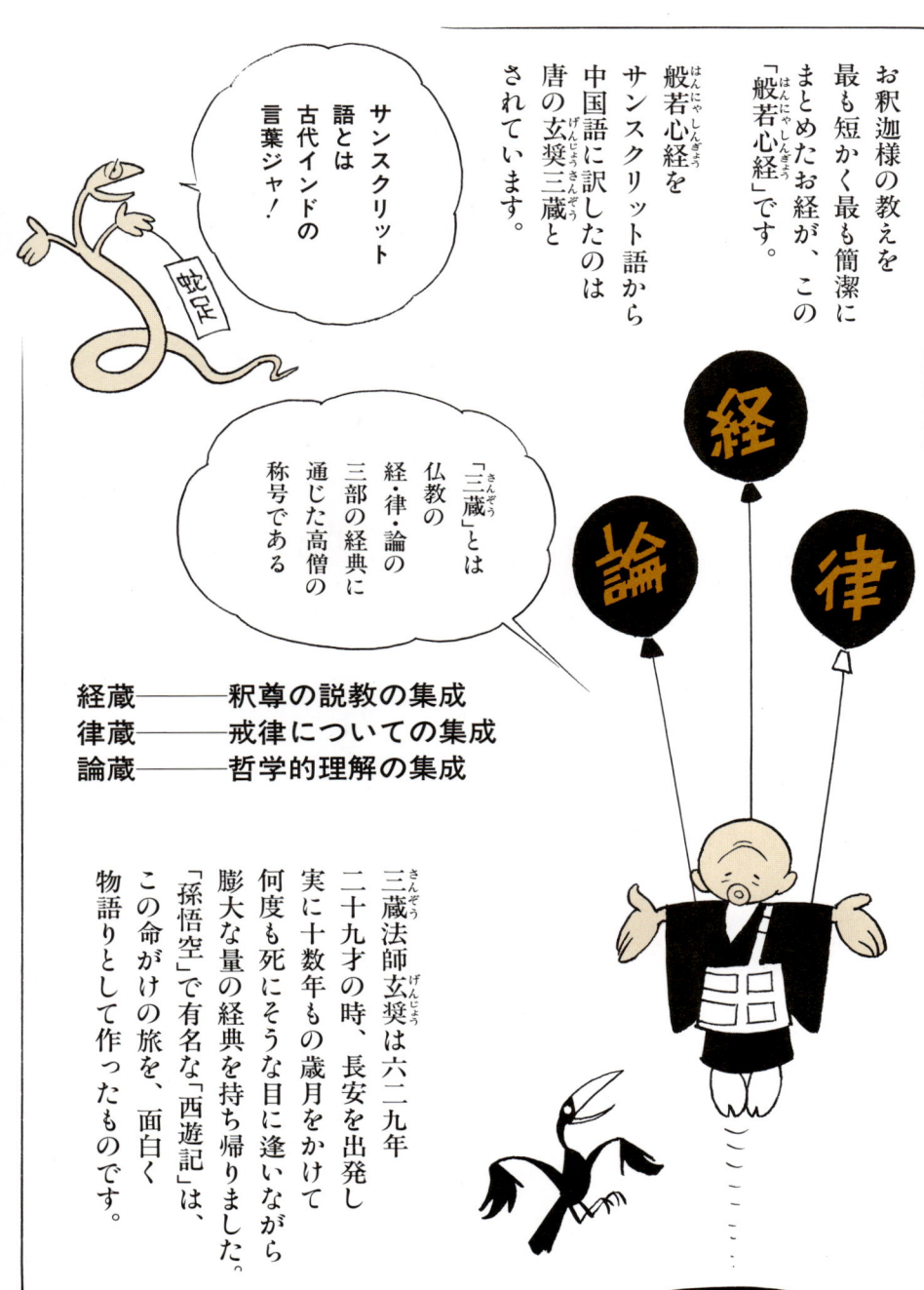

摩訶《まか》般若《はんにゃ》波羅蜜多《はらみた》心経《しんぎょう》

★摩《ま》訶《か》とは

——サンスクリット語のマハー（mahā）の音訳

★般若《はんにゃ》とは
サンスクリット語ではプラジューニャー(prajñā)
俗語のパーリ語ではパンニャー(paññā)の音訳。
生命の根源的なところに目覚める知恵──→仏知
このハンニャとは関係ござんせん
アシカラズ
知恵
知識
知識と知恵は別のものである！
どう違うの？
知識は自分の外の世界からかき集めて頭の中に詰め込むものだが
知識
知識
知識
知識
知恵
知恵は生命の内なる働きの中から自然に湧いてくるものだ。

知恵にも
ふたつの種類が
ある
生命の「苦」から
生れる知恵と
生命の「空《くう》」から
生れる知恵！
悪知恵
く〜〜っ
知恵
スンナリ…
バリバリ…
空
苦

「苦」から
生れる知恵は人間の
文明を発展させる力
にもなったが、一方
「苦」によって心を
ゆがめられたために
そこから限りなく
悪知恵をも発達
させることにもなった。

知恵とはもともと人間の
霊性《れいせい》の中に秘められたもの。
それが正しく目覚めれば
「理」を悟る性《さが》となって
自らの霊性《れいせい》を
本来のもの（如来《にょらい》）へと
高めてゆく。

しかし、知恵も
ゆがめられた心の中では
悪知恵となって育ち
怒りと貪りと愚かさと共に
自分と自分のまわりに
限りない不幸を作りつつ
自らの魂を
地獄に向けて進めてゆく。
しかも、自分では賢く
生きているつもりだから
自分の悲劇に気付けない。

「空《くう》」より目覚める知恵。
これこそが生命の根源的な
働きとして、すべての人間の
中に眠る仏性、すなわち
般若《はんにゃ》の知恵だ。
それは魂の目覚めだ。

★波《は》羅《ら》蜜《み》多《た》とは

彼岸《ひがん》に至れる状態ということだが、その中にこの現実世界の問題と生死を超えた世界の問題が含まれていて意味深い。

パーラミター(pāramitā)

悟りの彼岸《ひがん》

迷いの此岸《しがん》
俺も行きたいよ〜〜〜
シガンでる！

この現世における意味としては——
煩悩《ぼんのう》と迷いに苦しむ世界が此岸《しがん》であり
煩悩《ぼんのう》を吹き消し悟りを得る世界を彼岸《ひがん》に達するという。

生死を超えた
霊的次元においては
延々と繰り返してきた
生と死の輪廻《りんね》から
解き放たれた次元、
つまり涅槃《ねはん》への到達
という意味になる。
そこは俗にいう
極楽浄土だ。

涅槃《ねはん》

要するに完全なるカルマの解消ということだ

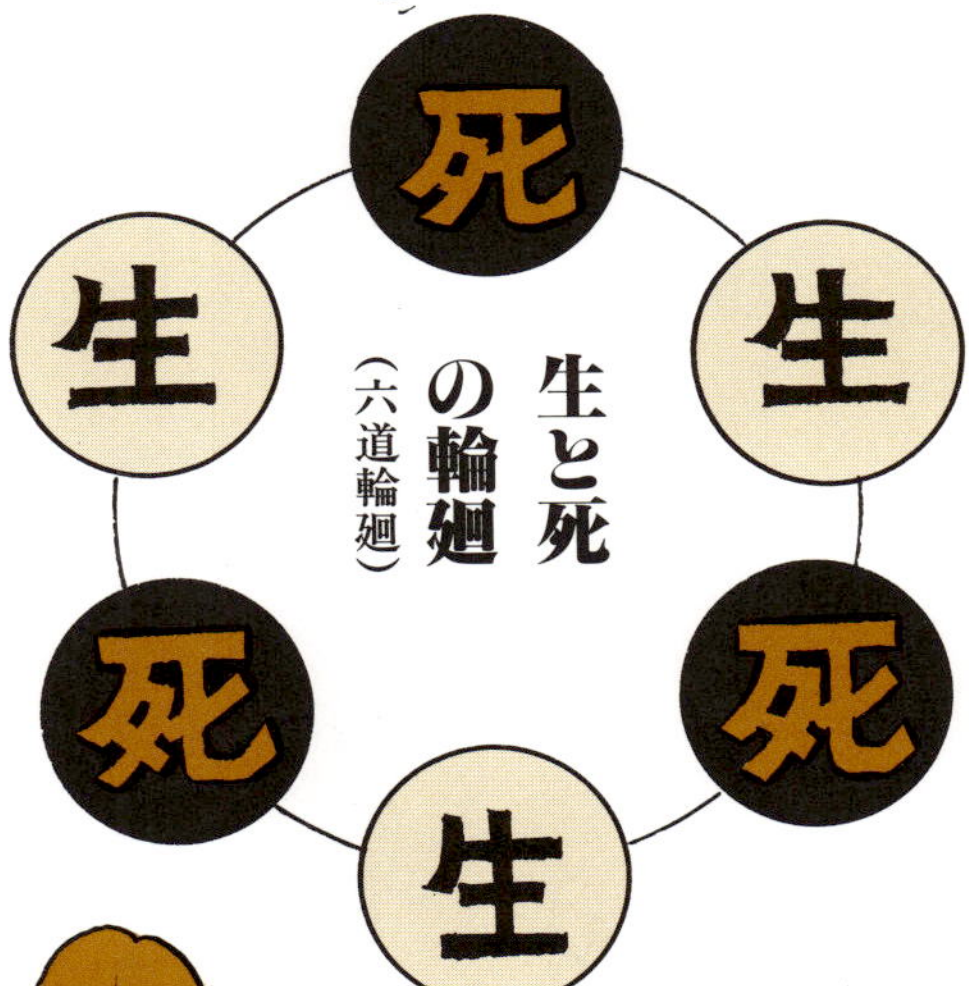
死
生
死
生
死
生
生と死の輪廻
（六道輪廻）

さらに現世において
迷いの此岸《しがん》から悟りの
彼岸《ひがん》へ達するには
般若《はんにゃ》の知恵が必要だ。
般若《はんにゃ》の知恵を得るには
「空《くう》」の体験が必要だ。
「空《くう》」を体験をするには
瞑想《めいそう》の行《ぎょう》が必要だ。
彼岸《ひがん》に至る出発点は
瞑想《めいそう》の行《ぎょう》だ。
したがって瞑想《めいそう》そのもの
を「波羅蜜多《はらみた》」とも
いえるのだ。

波羅蜜多

★心経《しんぎょう》とは

「心《しん》」はフリダヤ（hrdaya）——心ぞう（心髄）
「経《ぎょう》」はスートラ（sūtra）——タテ糸（経典）

般若心経《はんにゃしんぎょう》の「心」は
大般若波羅蜜多経《だいはんにゃはらみたぎょう》
六百巻の精髄
あるいは神髄という
意味において
「心ぞう」の経典
と呼ばれる。

般若心経
大般若波羅蜜多経
六百巻
心

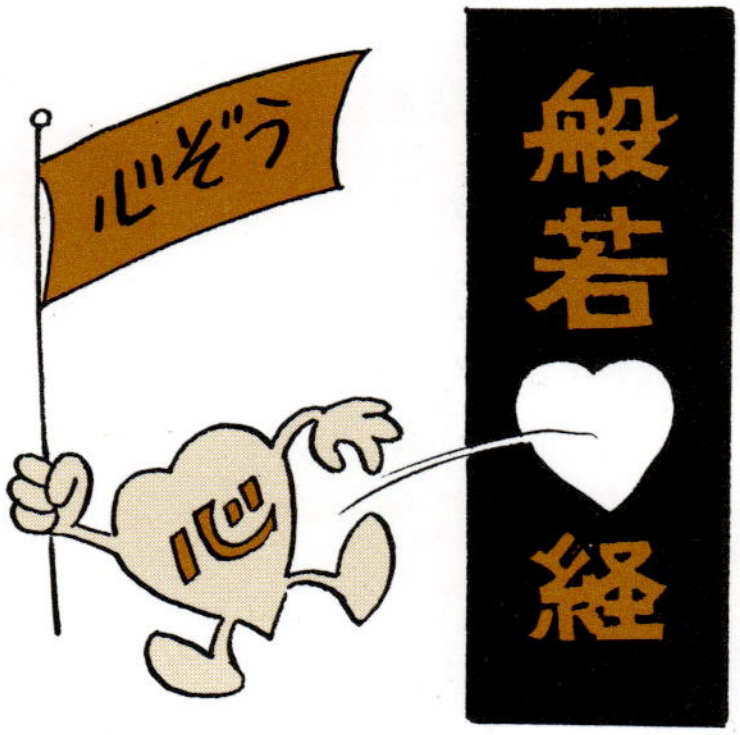
心ぞう
般若
経
心

さらに！
「心経《しんぎょう》」の「心」には、
もうひとつ非常に
重要な意味が秘めら
れている！それは
「般若波羅蜜多《はんにゃはらみた》」の
心ぞうという意味だ。

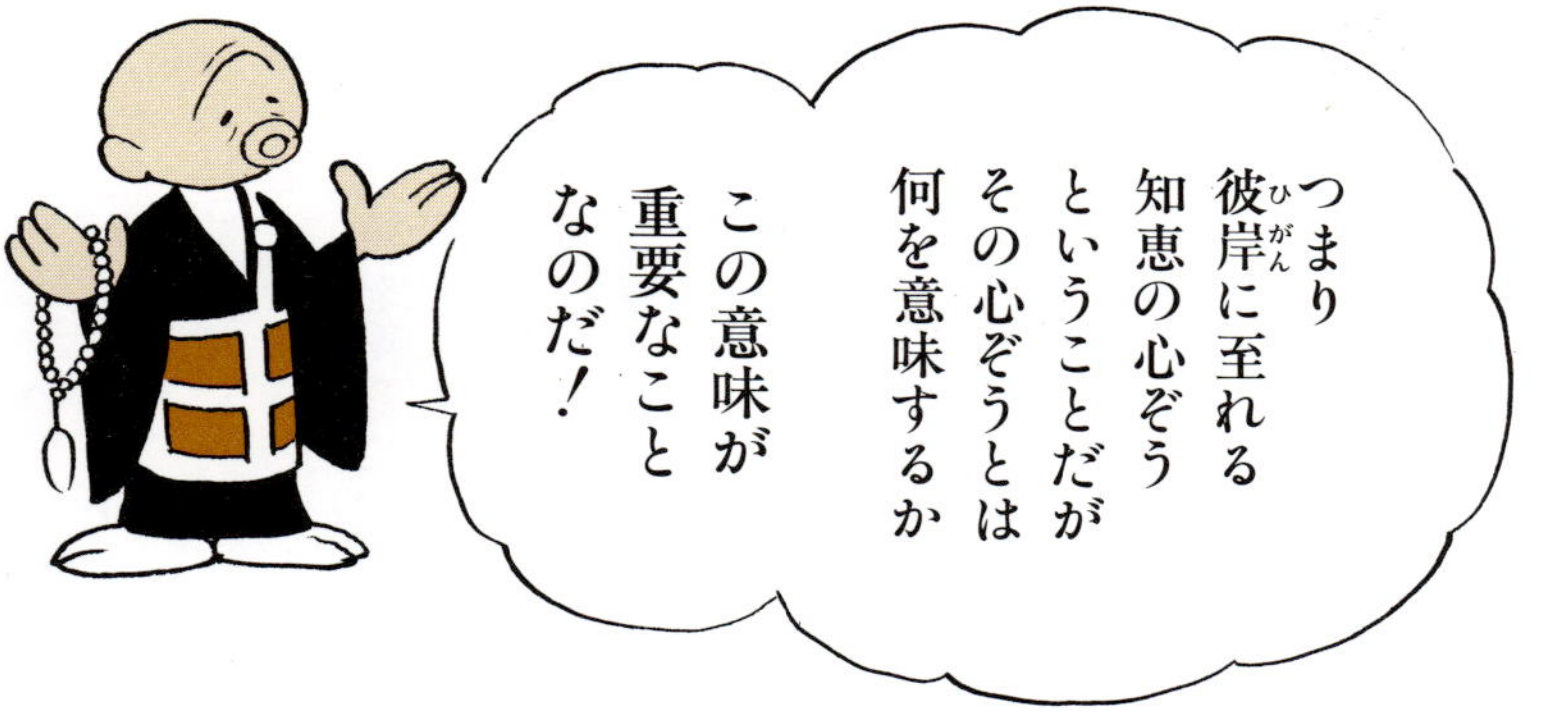
つまり
彼岸《ひがん》に至れる
知恵の心ぞう
ということだが
その心ぞうとは
何を意味するか
この意味が
重要なこと
なのだ！

答を先にいうなれば「般若波羅蜜多《はんにゃはらみた》」の心ぞうとは！般若心経《はんにゃしんぎょう》の最後をしめくくる真言《しんごん》のことである!!
ど〜〜して〜〜？
断ゲン
コツ
真言
ガティ—— ガティ——
パーラガティ——
パーラサンガティ——
ボーディ
スヴァーハ——
!
般若《はんにゃ》の知恵を生むための実践それは瞑想《めいそう》の行《ぎょう》であるがその瞑想《めいそう》を完全な「空《くう》」に導く方法がこの真言《しんごん》の中に秘められているのだ
ヒトリヨガリ
心ぞうは生きて動くものの中心だ！すなわち般若心経《はんにゃしんぎょう》の真言《しんごん》は彼岸《ひがん》へ至った知恵から生まれた心ぞうであり瞑想《めいそう》を彼岸《ひがん》へと動かす心ぞうなのだ
タコの心ぞうどこにあるの？
いや〜〜ん
エッチ！
シリタガリ

般若心経《はんにゃしんぎょう》は私達に何を呼びかけているか!!

そこを見抜けないと般若心経《はんにゃしんぎょう》の心ぞう部がいかに大切なものかを見逃してしまう
故知 般若波羅蜜多!

般若心経
心ぞうの意味見逃すと「空《くう》」ばっかりが目についてお経、読んでも「空」まわり
ネ!!

35点!

そこで般若心経《はんにゃしんぎょう》の全文にざっと目を通してみると…………

まず観自在菩薩《かんじざいぼさつ》が存在するものすべての根源が「空《くう》」だと見極める!

ハロ〜〜

そして、そのあとに空《くう》の説明が延々と続く…………

空〜

無 む ム
何から何までないないづくし…………

この「空《くう》」を知ることにより人は悟りを得涅槃《ねはん》を達成することが出来る!………と説く。

そして!!

ここで
観自在菩薩《かんじざいぼさつ》は
我々に向って
呼びかけて
いらはる！

「故に
知るべし!!
般若波羅蜜多《はんにゃはらみた》の
大いなる真言《しんごん》！
悟りの真言《しんごん》！
無上にして無比の
真言《しんごん》はすべての
苦しみを除き
真実にして
偽りなし!!」
…………と。

これこそ般若心経《はんにゃしんぎょう》の
心ぞうを指し示す言葉だ
観自在菩薩《かんじざいぼさつ》は、はっきり
知恵の完成の真言《しんごん》を
知れ！と、おっしゃって
いらはる！

真言《しんごん》は般若波羅蜜多《はんにゃはらみた》から生れ
人々を般若波羅蜜多《はんにゃはらみた》へと導く
ものだと教えていらはる！

そして「般若心経《はんにゃしんぎょう》」の心ぞうである
「呪《じゅ》」すなわち真言《しんごん》を我々に示し
お経をしめくくる。

ガティーガティー
パーラガティー
パーラサンガティー
ボディースヴァーハー

この真言《しんごん》の中に瞑想《めいそう》を
「空《くう》」の実感に導く秘密が
秘められているのだ。
我々は仏の知恵から生れた
この真言《しんごん》の助けを借りて
「空《くう》」の瞑想《めいそう》を実現させる
ことが出来るのだ。

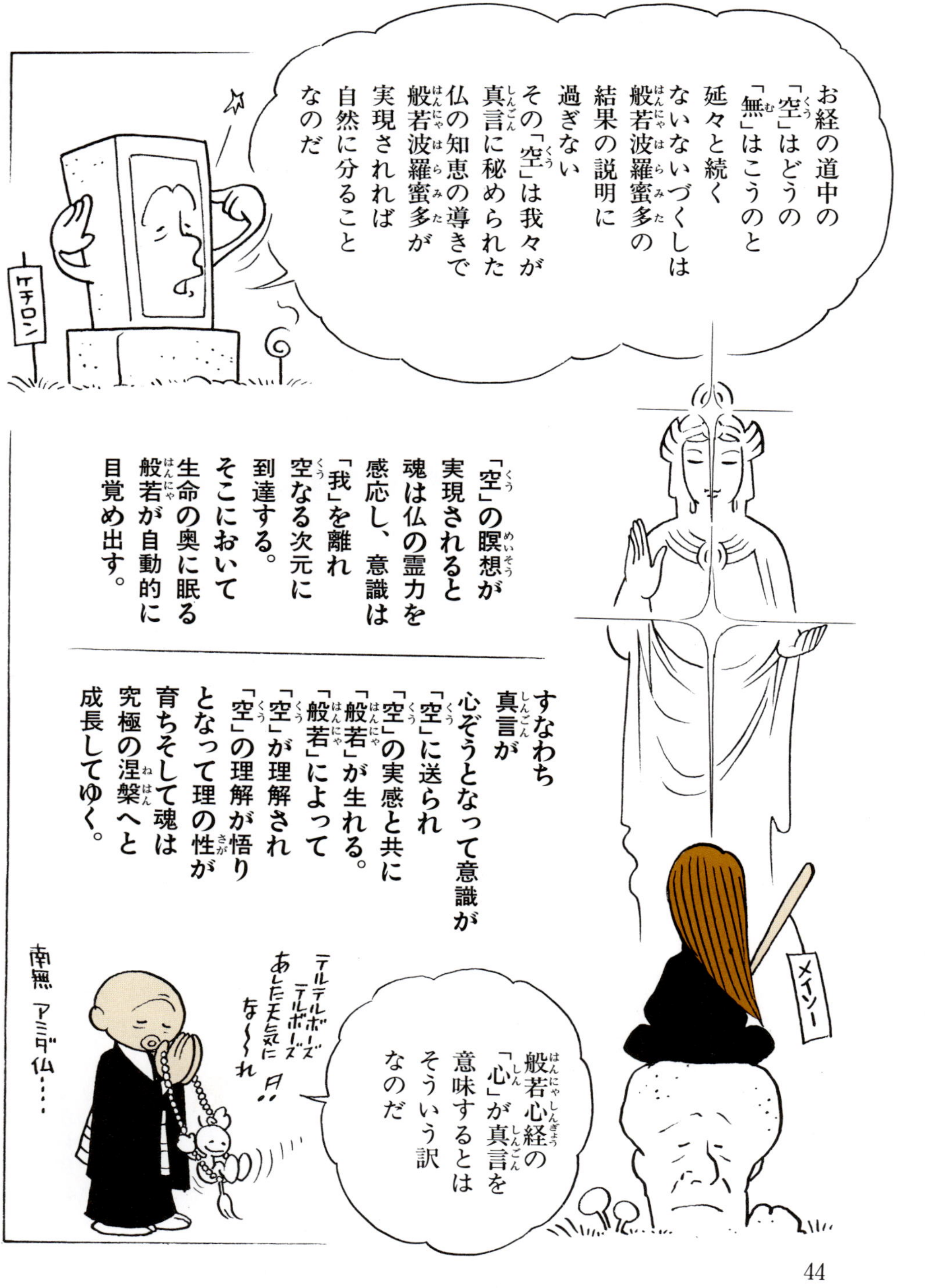

お経の道中の「空《くう》」はどうの「無《む》」はこうのと延々と続くないないづくしは般若波羅蜜多《はんにゃはらみた》の結果の説明に過ぎないその「空《くう》」は我々が真言《しんごん》に秘められた仏の知恵の導きで般若波羅蜜多《はんにゃはらみた》が実現されれば自然に分ること なのだ
ケチロン
「空《くう》」の瞑想《めいそう》が実現されると魂は仏の霊力を感応し、意識は「我」を離れ空《くう》なる次元に到達する。そこにおいて生命の奥に眠る般若《はんにゃ》が自動的に目覚め出す。
すなわち真言《しんごん》が心ぞうとなって意識が「空《くう》」に送られ「空《くう》」の実感と共に「般若《はんにゃ》」が生れる。「般若《はんにゃ》」によって「空《くう》」が理解され「空《くう》」の理解が悟りとなって理の性《さが》が育ちそして魂は究極の涅槃《ねはん》へと成長してゆく。
メイソー
般若心経《はんにゃしんぎょう》の「心《しん》」が真言《しんごん》を意味するとはそういう訳なのだ
テルテルボーズ テルボーズ あした天気にな〜〜れ ♪!!
南無 アミダ仏……

観《かん》自《じ》在《ざい》菩《ぼ》薩《さつ》　行《ぎょう》深《じん》般《はん》若《にゃ》波《は》羅《ら》蜜《み》多《た》時《じ》
照《しょう》見《けん》五《ご》蘊《うん》皆《かい》空《くう》　度《ど》一《いっ》切《さい》苦《く》厄《やく》

Om namo Bhagavatyai
Arya-Prajnaparamitayai！

聖なる霊の
大いなる知恵に
感謝と敬意を
………

★観自在菩薩《かんじざいぼさつ》について

昔々、あるところで聖なる観自在菩薩《かんじざいぼさつ》が般若波羅蜜多《はんにゃはらみた》の行《ぎょう》をやっておいでになりました
するとこ川上から大きな桃がドンブラコドンブラコ
こら!!
霊眼鏡
観自在菩薩《かんじざいぼさつ》がその霊眼で生命の内奥を見通してみるとそれは五つの要素から成り立っておりその根源は「空《くう》」なるものだと見極められたのです
空
観自在菩薩《かんじざいぼさつ》って、だ〜れ?

観自在菩薩《かんじざいぼさつ》

アヴァローキテイーシュバラ

(Avarokiteśuvara)

観自在菩薩を
象徴する梵字「サ」

観音様《かんのん》とはすべての人々を生きる上での苦しみから救おうとする仏の慈悲《じひ》の心の化身だ
慈悲の心
ホットケ
へんし～～ん！
パッ
人々の苦しみを自在に聞き分け自在に見抜くだから観自在《かんじざい》菩薩《ぼさつ》という
ボサ～ッ
俺、借金で苦しんでるんだけど……なんとかしてもらえんかなあ……
バチ当りめ!! お前みたいなひねくれものは救われっこない！

観音経普門品
というお経には
次のような意味の
言葉が書かれている
観音《かんのん》様の御名を
称えるものは
火の中に入っても
火に焼かれることはない。
菩薩《ぼさつ》のすぐれた力に
よるからである。
もし大水に漂うことが
あっても
御名をとなえることによって
すぐ浅いところへ
逃れることが出来る。
観音経
ばかばかしい！
子供だましも
いいかげんに
してくれっ！
けっけけけけけ…
くあ〜〜ん
ゴキ
ためして
みようじゃ
ねえか！
ほれっ
ボッ
観音《かんのん》様の
御名を
となえりゃ
火傷もせん
はずだろ！
早く
となえろ！
ひ
ドボーン

か〜〜〜ん
NO〜〜ん
さま〜〜あ
観音様《かんのん》の御名をとなえりゃ溺れないはずじゃないのけ？
ほんとにそうなら昔から焼け死ぬ人も溺れ死ぬ人もいる訳がないじゃんか！なあっ
ボン！！
このひねくれ者めがっ!!お経の深い意味も理解出来んで何をいうか
ぶったたふどーーっ！
うひゃっ!?
ブッタタ不動
我はぶったた不動明王なり!!
お前のような魂のゆがんだ奴を、ぶったたいてでも目を覚まさせるのが、わしの役目じゃ!!
観音経のいわんとする意味を教えてやるから耳の垢かっぽじってよーく聞け！

観音菩薩《かんのんぼさつ》とは
悟りの知恵を意味する。
火は煩悩《ぼんのう》のたとえだ。
火に焼かれるとは
煩悩《ぼんのう》にとらわれることを意味する。
大水に漂うとは
世の中の逃れようのない
さまざまな難儀のことだ。
人はこの世に生きる上において
否応なく、色々の苦しみに
逢わねばならない。
そうした時、
悟りを求める心があれば、(つまり
観音《かんのん》様の御名をとなえれば)
そこに生れる悟りの知恵によって
煩悩《ぼんのう》に焼き尽くされることもなく
難儀に押し流されることもなく
苦悩を最小限にとどめることが
出来る、と説いているのだ!!

わかったかっ このひねくれ者!
ぼくも救われたいよーっ
生きてるのや～だ～ 死ぬのもや～だ～
観音《かんのん》様は本気で救いを求める者には どのような極悪人でも どのような救い難い者でも 決して見捨てるようなことは なさらないよ

その人、その人の苦しみに応じて自在に変化して救いの手を差し伸べられる
したがって観音《かんのん》様のさまざまな姿も三十三もの姿に化身なされる

「聖観音《せいかんのん》」➡
これは観自在菩薩《かんじざいぼさつ》のごくふだんのお姿というところかな……餓鬼道《がきどう》に苦しむ人々を救う時のお姿だ。

ガキ道って……なーに？
ガキの通る道……通学路あ！うそうそ

餓鬼道《がきどう》というのは六道輪廻《ろくどうりんね》の中の苦しみに満ちた世界の中のひとつ。六道輪廻《ろくどうりんね》とは地獄界・餓鬼界《がきかい》、畜生界・修羅界《しゅらかい》、人界・天界からなる煩悩《ぼんのう》をめぐる生命のありさまだが、詳しいことはあとで説明する。

キリーク

「千手観音《せんじゅかんのん》」

地獄道に苦しむ人々を救う時の姿

キャ

「十一面観音《かんのん》」

修羅道で苦しむ人々を救う時の姿

ウーン

「馬頭観音《ばとうかんのん》」

畜生道で苦しむ人々を救う

（ボ）
（ボ）
（キク）
「准胝観音《じゅんていかんのん》」
梵名シュンデイを音訳した名前で准胝《じゅんてい》仏母とも呼ばれる
「不空羂索観音《ふくうけんさくかんのん》」
人々に利益を施すことを本願とする観音《かんのん》
「如意輪観音《にょいりんかんのん》」
仏の説法、転法輪が自由にでき、天界をも救うことができる観音《かんのん》
これらの他に三十三観音《かんのん》と呼ばれるさまざまな名前と姿を持つ観音《かんのん》様がある
心の音は耳では聞けない。観音《かんのん》様は人の心の音を霊眼によってとらえる。霊眼とは心の眼だ。魂の眼だ。外形を見るのではなくその本質の波動を観ずるのだ。そこで音を観るという表現が使われる。「観音《かんのん》」という呼名の深い意味がそこにある。
ミリタガリ
でも音は聞くものなのに…どうして音を観るっていうの？
ヒトリヨガリッ

★菩薩とは

色
音
瞑想《めいそう》すれば
実感することだが
音を聞くとき
色を観る
色の中にも
音がある
だから音を
音色ともいうし
声も
声色という
音と色は別の
ものじゃない
それはひとつの
ものの両面だ

観音菩薩《かんのんぼさつ》の他にも
たくさんの菩薩《ぼさつ》が
おいでになる
みんなそれぞれに
あらゆる角度から
すべての人々を救う
ために、この世に
あらわれる仏の化身だ
現在は浄土兜率天《じょうどとそつてん》という
天界におられる。そして、
五十六億七千万年の未来に
人々を救うために
人間世界に生れてくる
といわれている。

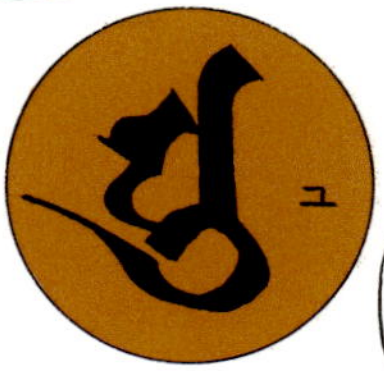
ユ

弥勒菩薩《みろくぼさつ》
（マイタレーヤ）

カ

地蔵菩薩《じぞうぼさつ》（クシチガルブバ）
釈迦入滅後、弥勒菩薩《みろくぼさつ》があらわれる
迄の無仏の時代において、人々を
救う菩薩《ぼさつ》

アン

普賢菩薩《ふけんぼさつ》
（サンマンダ
バツダラ）
諸惑を断じ
理、定、行徳を
司る菩薩《ぼさつ》

マン

文殊菩薩《もんじゅぼさつ》（マンジュシリー）
三人寄れば文殊の知恵といわれる
ように知恵の菩薩《ぼさつ》

サク

勢至菩薩《せいしぼさつ》
(マハーストハーマプラプタ)

知恵の光明を以って
一切を照らし
人々の内に秘められた
善を守り、それを育てる菩薩《ぼさつ》

他に虚空蔵菩薩《ぼさつ》に
日光菩薩《ぼさつ》・月光菩薩《ぼさつ》
般若菩薩《ぼさつ》・薬王菩薩《ぼさつ》
金剛菩薩《ぼさつ》・多羅菩薩《ぼさつ》
妙見菩薩《ぼさつ》・香王菩薩《ぼさつ》
五秘密菩薩《ぼさつ》など……
数えあげたら
きりがない
菩薩《ぼさつ》って
どういう意味?

正しくは菩提薩埵《ぼだいさった》といい、これはサンスクリット語のボーディ・サットヴァ(bodhisattva)の音訳で、それを縮めて菩薩《ぼさつ》という。その意味は、「悟りを求める者」「求道者」ということだが、今迄に紹介したように、人々を救おうとする仏の化身をも菩薩《ぼさつ》と呼ぶ。

実は菩薩《ぼさつ》にも三種類の菩薩《ぼさつ》があるのだ
さ……三種類だなんて！品物みたいないい方をしていいのかな……バチが当るよきっと……！
じゃ、御三種類様とでもいうか？

まず第一に
仏像としては見ることは出来ても実際には
我々の目には見ることの出来ない菩薩《ぼさつ》。
これは如来《にょらい》(仏)そのものだ。
仏の別の姿、つまり仏の化身だ。
この菩薩《ぼさつ》は「空《くう》」の次元から聖霊の力と
なって私達の生命の内に働きかける。
したがってその実体はこの世には
存在しない。
聖なる霊として私達の世界と
永遠の世界をつなげる仏の力だ。

真理

ついでに説明しておくが
仏は三つの姿をとって
人を導く。
魂が正しく目覚めつつ
ある人の前には
如来《にょらい》の姿、如来《にょらい》の霊力
となって、その人の
生命の中にあらわれる。

仏の救いを
求めてはいても
魂がまだ
ねぼけていて
どう目覚めていいか
よく分からん人の前には
やさしい菩薩《ぼさつ》の姿で
あらわれて、その人を
正しい道へと
導いてゆく。

魂がひねくれてしまって
どうしようもない人間には
怒りの形相すさまじい
不動明王とか、さまざまの
明王の姿となってあらわれ
おどかしながらも
その魂を
救うのだ。

次に第二の菩薩《ぼさつ》とは………
すでに如来《にょらい》の本性を持ちながら
この世に生れ出る人だ。
彼はすでに悟りを究め
輪廻《りんね》の世界から解放されている。
だから、この世に生れて、この世の
苦しみを味う必要はないのだ。
それでも彼は自ら望んで
この世に「生」を受ける。
なぜなら、菩薩《ぼさつ》の慈愛《じあい》は
苦しむ人々を見捨てられない。
たとえ自分も共に苦しもうとも
苦しむ人がこの世にいるうちは
その人を救うために、繰り返し
この世に生れ出る。
これが第二の菩薩《ぼさつ》だ。
シャカムニ・ブッダがそうだった。
キリストもそうだった。
他の多くの聖者達………
彼等は生きている時
第二の菩薩《ぼさつ》として生きたのだ。

WELCOME
ゴクラク浄土
どうぞ 永遠の極楽へ おいでください あなたは その資格を 得た人です

いいえ 私はここに とどまります 下界で苦しむ 人がすべて 悟りを得た時 みんなと共に 永遠の極楽へ 入らせて いただきます
何だか知らんけど助けてくれ・・・
わいの わいの
Z~
Z~
生きるのや~だ 死ぬのや~だ
サトリより オゼゼ!

さらに第三の菩薩《ぼさつ》とは
今、この世において
悟りの道へと歩む人。
生命の内なる魂を自覚し
自らの霊性を
如来《にょらい》に向けて成長させよう
とする精神に目覚めた人。
如来
悟り
地獄
彼はかつては地獄にもいた。
今、人間として生きている。
まだ悟りの道のりもある。
しかし、たしかにその魂は
自分の進むべき方向を
見出した。そして我々と共に
生きつつその道を進む
それが第三の菩薩《ぼさつ》だ。
は〜
ヨガリのおじさんは菩薩《ぼさつ》なの？
ヒトリヨガリ
残念ながら………わしには、まだ慈悲《じひ》の心が芽生えておらんでな………慈悲《じひ》の心が本物にならんうちは菩薩《ぼさつ》とはいいがたいね

ここで話をお経に戻して……観自在菩薩《かんじざいぼさつ》行深般若波羅蜜多時《ぎょうしんはんにゃはらみったじ》照見五蘊皆空《しょうけんごうんかいくう》……
観音様《かんのんさま》がその霊眼によって見極められたところによると生命の存在ということは五蘊《ごうん》(五つの要素)から成り立っておりその五蘊《ごうん》もまた「空《くう》」の働きであると見抜かれた

★五蘊《ごうん》とは

パンチャ・スカンダ
(Pañca skandha)

五蘊《ごうん》とは五つの動的な集りという意味になる
俺達四つの鈍的な集り！
ワ〜ルカッタネ〜
ソノ タ オーゼー
ペチヨ！
五ウン……？

色
受
想
行
識
五蘊
色《しき》受《じゅ》想《そう》行《ぎょう》識《しき》という五つの集りを五蘊《ごうん》という
これが私達の生命の働きのすべてだ

「色《しき》」とは原語でルーパ（rūpa）
——物質的現象として存在するもの——

受
行
想
識
色
シキ

すなわち、この場合
色《しき》とは肉体のことであり
受《じゅ》・想《そう》・行《ぎょう》・識《しき》は
そこに働く精神作用の
ことである。

たとえば ここに一匹の フクラガメが いる この肉体は「色《しき》」だ
ポケ……
フクラガメ
人畜無害
ザッ
ここに何かが起ると フクラガメはそこに 何かを感受する これが「受《じゅ》」だ
苦と快を感受する 感覚は生命の一番 根源的な意識だ。
次に 感じたものに 対して心が動く。 快感は喜びに 苦痛は怒りの 想念となる。 この心の状態が 「想《そう》」だ。

そして想念は
行動をうながす
衝動や意志を
形成する。
ここにおいて
喜びは愛に
怒りは憎悪に
変化する。
これが「行《ぎょう》」だ。

そしてこれらの
体験の中から
総合的な知識や
観念や判断する
意識が生れて
くる。たとえば
真善美だとか
偽悪醜という
観念など……
これが「識《しき》」だ。

このように
すべてのものが
根源的なものから
あらわれてどんどん
変化してゆく。

色《しき》を土台とした
受想行識《じゅそうぎょうしき》の五蘊《ごうん》もまた
快と苦という根源的な
意識から、さまざまな
意識を形作ってゆく。
そのすべての根源が
「空《くう》」なるものだという。

この五蘊《ごうん》の働きが
盛んになればなるほど
そこから生れる苦しみも
大きなものになってゆく。

五蘊の快
五蘊の苦

むろん、そこには
快楽や喜びもあるだろう。
しかし人は、かえって
そこから快楽への執着を
作ってしまい、それを求めて
得られぬ苦しみが
結局、自分にかえってくる。

これを
五蘊《ごうん》
盛苦《じょうく》と
いう

人間の心というものが
そうしたものだということを
はっきり理解出来た時
自分の心の扱い方も
自然に分る知恵が湧く。
その知恵にしたがえば
生きる上でのさまざまな
苦悩から離れることが
出来る訳だ。

かそう
度一切苦厄《どいっさいくやく》………

ズズズ

★空《くう》とは

今、生きているこの世で
この生命のあるうちに
理解しなければならぬもの
実感しなければならぬもの
そうしたものが
この生命の奥にある。
それを仏陀《ブッダ》は
「空《くう》」と表現した。
「法」とも表現した。
そして、そこに永遠の
真理があると説いた。

のたまい
クウとは何
カアーーッ
空《くう》ってからっぽのことじゃあないの?
おょょょ～
苦《クウ》～よ!
クウとは
クウとは食うことよ
トドケン
ガッ
ガッ
ガッ
エキ

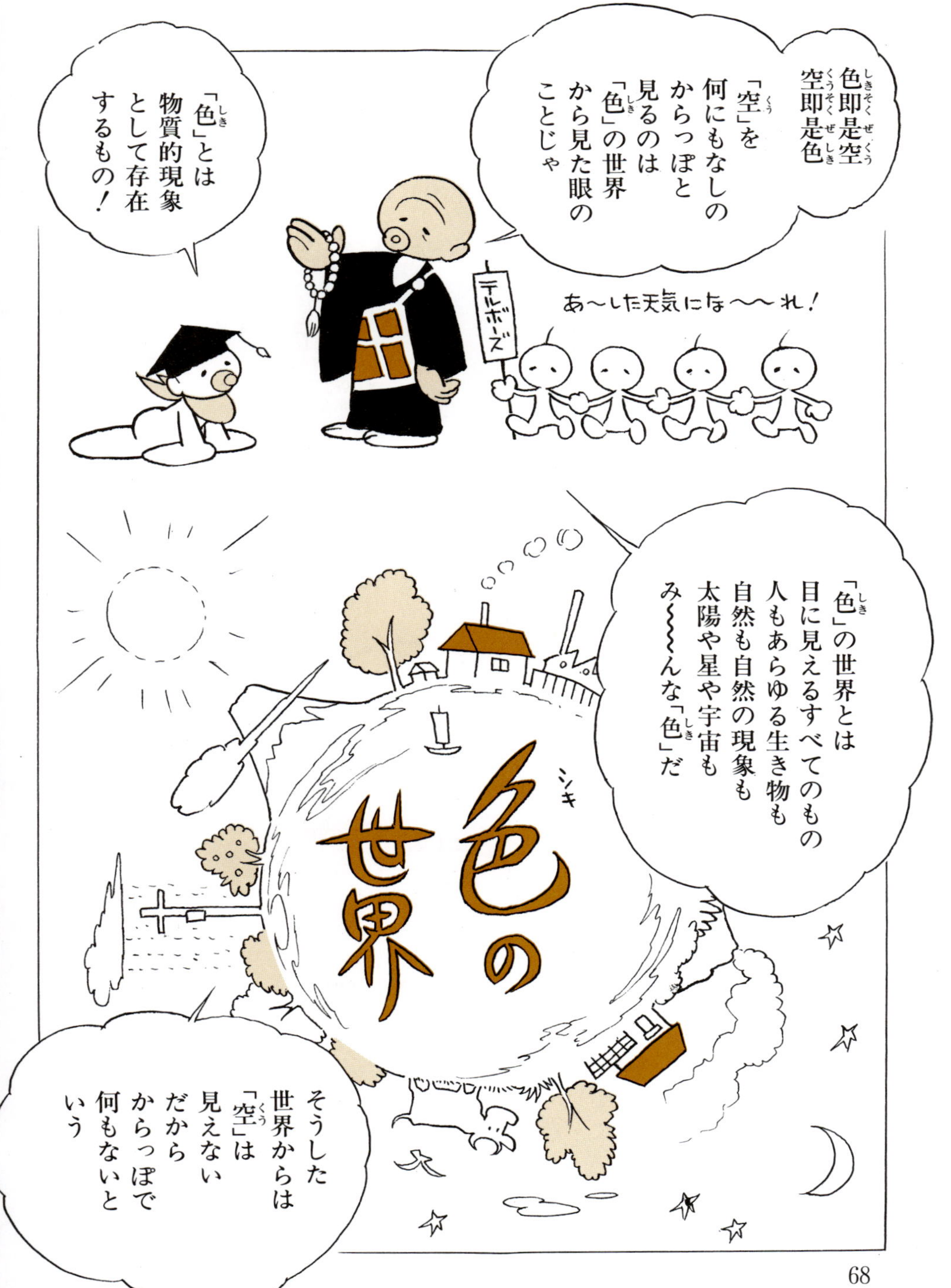
色即是空《しきそくぜくう》
空即是色《くうそくぜしき》
「空《くう》」を何にもなしのからっぽと見るのは「色《しき》」の世界から見た眼のことじゃ
「色《しき》」とは物質的現象として存在するもの！
テルボーズ
あ〜した天気にな〜〜れ！
「色《しき》」の世界とは目に見えるすべてのもの人もあらゆる生き物も自然も自然の現象も太陽や星や宇宙もみ〜〜んな「色《しき》」だ
色《シキ》の世界
そうした世界からは「空《くう》」は見えないだからからっぽで何もないという

しかし、本当に何もない訳じゃない
つまり色《しき》の世界を成り立たせている法則性というものがそこにある
それが「空《くう》」じゃ
は〜〜
色
空
ここでかの偉大なる物理学者アイシテーン博士の登場！
アイシテ〜〜ー
死怪者
だいぶイメージが違うなあ……

はかせ！
はかせ！
なぬ？
はかせ、
じゃと？
なにを
はかせろと
いうのか
余計な
お世話
じゃ
いえ、そうでは
ありません
「空《くう》」について
科学的な角度から
一言……
ふむ
空《くう》か
くうか
くわれるか
……

たとえば宇宙があり太陽がある。
そのまわりを地球をはじめ、いくつもの
惑星が回っている。
それぞれの引力が働きあって太陽系と
いうひとつの形を作っている。
それを成り立たせている見えない力が
つまり「空《くう》」じゃな。

すると「空《くう》」とは引力のことなの？
いいや 引力も「空《くう》」には違いないが 引力が「空《くう》」そのものという訳ではない
アメシテーン
ミリタガリ
たとえば、ここにふたつの水素原子とひとつの酸素原子がある
水素
水素
酸素
これが結合すると水になる
H^2O
その結合させる根源的な働きが「空《くう》」だ
水

たとえば
有機化合物が
寄り集って
タンパク質を
作り
生命を持って
動き出す
生命
炭素
この
神秘こそ
「空《くう》」だ
そう！
たとえば
オスがいて
メスがいる
アインシテーン博士
ドッキン
それぞれの
ホルモンが
働いて
何やら起る
この
逃れようのない
宿命も、また
「空《くう》」じゃ

「空《くう》」とは秘にして密なるもの。
「空《くう》」とは「色《しき》」のうしろに隠れた力。
「空《くう》」とは見えざる次元の働き。
見えずとも
存在を超えて存在するもの。
だから「空《くう》」は「神」ともいえる。

「空《くう》」とは存在成り立ちの理。
「空《くう》」とは現象をあらわす法則性。
「空《くう》」とは「縁」として働いている力。
だから「空《くう》」は「法」ともいえる。

「空《くう》」からすべてのものがあらわれ
「空《くう》」によってすべてが成り立ち
「空《くう》」の中ですべてが変化してゆく。

「空《くう》」とは生命現象をあらわす神の意志なり
のたまい
神とは「空《くう》」の人格的表現なり
「空《くう》」とは「因」に働きかける「縁」の力なり
テルボーズ
あ〜した天気にな〜れ!

そこにおいて宇宙があり
自然があり生命があり無常がある。
すべての現象の本質が「空《くう》」なのだ。

「空《くう》」——それは
生命現象の根源的なもの。
そこには個々に分かれた魂のふるさと。
そこに神があり仏があり
霊があり魂がある。

あらゆるものの以前に「空《くう》」があり
あらゆるものが「空《くう》」から成り立ち
あらゆるものが「空《くう》」のあらわれであり
あらゆるものが「空《くう》」からいでて
そして「空《くう》」にかえってゆく。

「空《くう》」とは生死をも超えた次元の表現だ！
空《くう》、空《くう》、空《くう》とだいぶしつっこいんじゃない？
ケツロン
とにかく般若心経《はんにゃしんぎょう》は空《くう》の意味が分らねば理解できないのだ！
ロンゲンコッ

しかし結局のところ言葉で「空《くう》」をいかに説明しても無駄だね
雑念中
「空《くう》」は実感する以外とらえようのないものだから………
そりゃ、ま、たしかに空腹の感じを言葉で表現しようとしても無理だもんな………
たとえばお湯を温度計で正確に何度と計ってみてもその温度の実感は手をお湯の中へつっこむ以外に分らないのと同じだ。
ひっ!
温度計
「空《くう》」を頭や知識で知ったとてそれは「空《くう》」の観念に過ぎないつまりカラ念仏のようなものだ
ナンマイダ～

空
知識
生命の実感
「空《くう》」は頭や知識では知りようのないものだ。「空《くう》」は生命の実感以外にとらえようのないものだ。
生命の実感を通して初めて「空《くう》」を知ることが出来るのじゃ
「空《くう》」を実感するにはどうすればいいの？
行深般若波羅蜜多
「空《くう》」の実感は「空《くう》」の瞑想《めいそう》によって得られるそれこそが般若波羅蜜多《はんにゃはらみた》の行《ぎょう》だ！
そ！

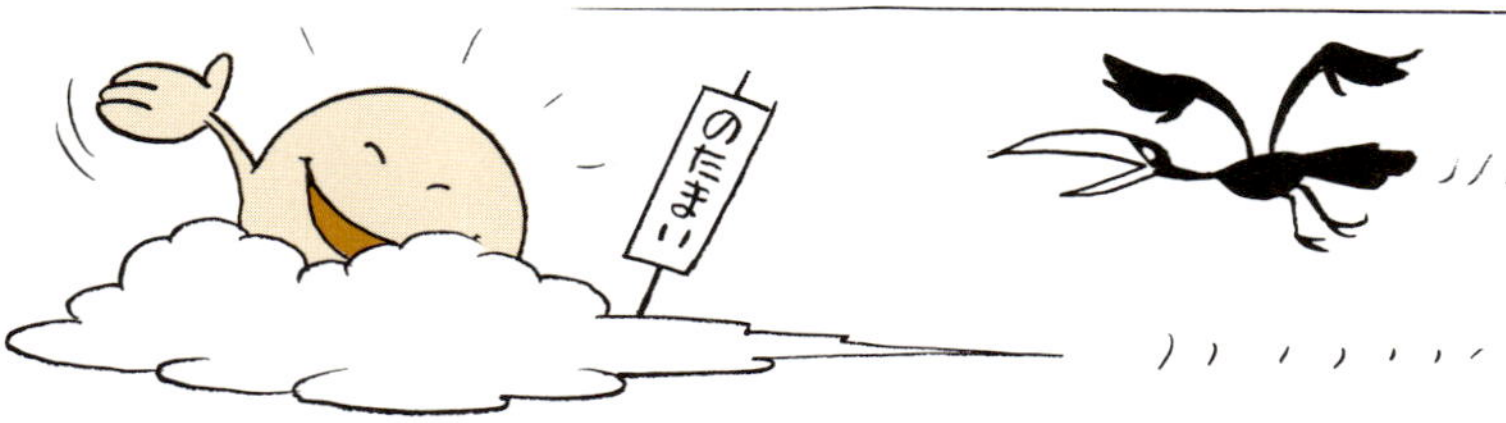
のたまい

★空《くう》の瞑想《めいそう》

「空《くう》」を実感するということは
「空《くう》」になりきることである。
「空《くう》」と一体になることである。
それは
神と一体となることであり
仏と一体となることであり
霊と一体となることである。
そして、それこそが
魂の自覚につながる。

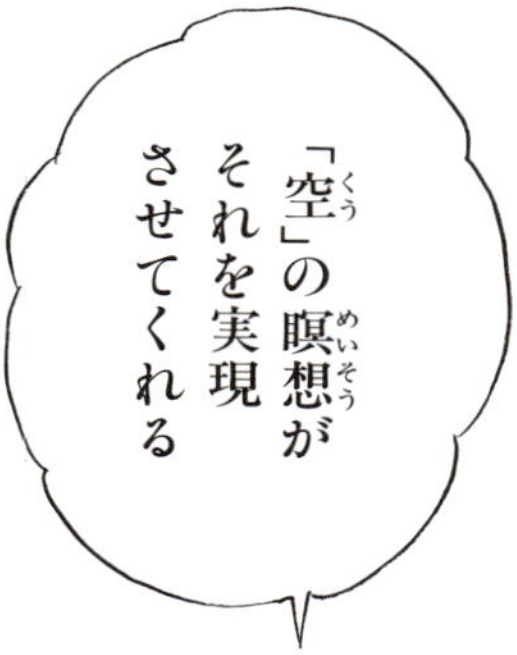
「空《くう》」の瞑想《めいそう》が
それを実現
させてくれる

「空《くう》」の瞑想《めいそう》てんだから
要するに「空《くう》」を瞑想《めいそう》
すりゃいいんだろ？
簡単な
ことじゃ
ねえか
へ！
ゴキ
「空《くう》」の瞑想《めいそう》
って、
どうやれば
いいの？
おせ〜て
ミニロボコ
迷想中
ヒトリヨガリ

はい 瞑想《めいそう》……
ゴキ
はい！ポーズ！
コテカン
空……クウ クウ……と！ 今晩おかずに 何クウか……
油ののった サンマうまそう！ ぐっとぜいたくに マグロの大トロ…
ジュージュー
まぐろのつもり
たまにゃ どひゃっとでっかい ステーキもいいな
おかしら付ステーキ
喝！！
お前の やっとるのは 瞑想《めいそう》じゃ ない！ 瞑想《めいそう》ごっこ じゃ！
あだ！

空《くう》の瞑想《めいそう》とは空《くう》と一体になることじゃ
やった!! 空《くう》と一体になった!!
分ってない！
コテン
アキレガエル
頭の中をカラッポにすることじゃ
あいよ！
ゴロン
ノーミソ
コテカンの脳ミソってのは、ほとんど化石に近いんだね
煮ても焼いても食えそうにないよ
じゃ食うな！
NOミソ
コチン コチン

か〜〜ァ
脱線とよむ
綐腺コーナー
くやし〜〜の空
おこった空《クゥ》
まじめの空《クゥ》
にこにこの空《クゥ》
瞑想中の空《くぅ》
いてて‥‥の空
なさけな〜〜い空《クゥ》
おったまげの空《クゥ》
まじめにやれえっ
まじめに!!
コテヤントロプス
まあまあそう力むなって
ゴキ
あんまり力むと痔になるよ
イテテイテテ
痔ヌシ
ホント‥‥

空《くう》〜〜
空《くう》〜〜
クウ〜〜
ガウ〜〜
空《くう》、空《くう》と頭でクウを考えているうちは空《くう》にはなれんよ
まず何にも考えないことだ
終着駅
はい、な〜〜んにも考えない………考えない、考えない考えないったらもう、考えない！
ぜったい何にも考えない！
考えないということを考えてるじゃん
か〜〜
ゴキ！
心を無《む》にするんじゃ
無《む》だ無《む》だむだむだムダムダムダ……
無駄！
コテン
アキレガエル

おらあ
だめだ～～
おらあ
ノーナシだ～～
無《む》にも
なれない～～
空《くう》にも
なれない～～
くくく……
くく～っ
ナキ
死神屋
つれそで つれない……
本日開店
首吊りかんげい！
吊り心地満点！
おれなんか生きてる価値ないよ～っ 死んだ方がええ 死んだ方がええ
おおよよ～お
ナキ
まあまあ そう焦るなって！ いずれは誰もが死ぬに決ってんだからよ！
このように瞑想《めいそう》というのはまねごとは簡単だが「空《くう》」に至るには実に難しいものなのである
テルボーズ
じゃ・どうすりゃいいのか～っ

多くの修行者も
そうとうの努力と
長い年月をかけて
やっと「空《くう》」の
実感に到達する
ことが出来るのだ。
瞑想中
ヒトリヨガリ
そんなに難しいの 俺達にゃ無理だよ
いち、ぬ〜〜けた
に、ぬ〜〜けた
ソノ
タ
オーゼー
ところが 出来そうもない 「空《くう》」の瞑想《めいそう》が 仏の知恵を 借りることによって 意外と誰にでも 出来るのじゃよ
え？ そのウソ ほんと？
ナキヤミ
仏さま ウソ つかない！
ハウ！
今日も 釣れそうにないな 帰ろ……
死神屋

おせて！
おせ〜〜て！
仏の知恵ってどういうの？
空《くう》に至る仏の知恵とは……すなわち！
ニルボーズ
般若心経《はんにゃしんぎょう》の最後をしめくくる真言《しんごん》の中に秘められている!!
掲諦《ぎゃてい》 掲諦《ぎゃてい》
波羅《はら》掲諦《ぎゃてい》
波羅《はら》僧《そう》掲諦《ぎゃてい》
菩提《ぼじ》僧莎訶《そわか》
（ガティーガティー
パーラガティー
パーラサンガティー
ボディスヴァーハー）
へ？
は〜？
これはただの呪文ではないのけ？

仏の知恵から生れた真言《しんごん》がただのまじないの呪文であるはずがない！
そうだ！そうだ！絶対にそうだ！
コテカン！
そういうもんかねえ……
しら〜
コテカン
ゴキ
だから般若心経《はんにゃしんぎょう》にも書かれている
故に知るべし
般若波羅蜜多《はんにゃはらみた》の
大いなる真言《しんごん》
悟りの真言《しんごん》
無上にして
無比の真言《しんごん》は
一切の苦を除き
真実にして偽りなし。
アキレガエル
ホットケ
この真言《しんごん》には空《くう》の瞑想《めいそう》を実現させる秘密と、神仏の霊力が秘められている！
この真言《しんごん》の霊力によって瞑想《めいそう》する人の雑念は取り払われ、浄化され意識は空《くう》なる次元へと導かれてゆくのだ
ケチロン

でも信じられないなあ……いくら霊力の
ある真言《しんごん》だからって呪文をとなえるだけで「空《くう》」が実感出来るなんて
コテカーン!!
半信……半疑……
信じられないよ～～
およよよ～～
ナキ
コテカン
まず信じることだ!! 信じる者は救われる!! エイエイオーッ
サンマの頭も信心から…?
イワシの頭じゃなかった?
タイの頭の方がおいしい!!
本当かどうかとごちゃごちゃいってないでやってみりゃあ分ることじゃねえの?
その た お～ ぜ～
そうだそうだやってみりゃ分る
やってみようやってみよう

せ〜の!!
掲諦掲諦 波羅掲諦 波羅僧掲諦 菩提僧莎訶
その た おーぜー
ゴキ
ギャテー ギャテー ハラギャテー ハラソー ギャテー ボジソワカ!!
掲諦掲諦 波羅掲諦 波羅僧掲諦 菩提僧莎訶
ギャテー ギャテー ハラギャテー
ほわあぁ〜〜あ…
たいくつ〜〜
グー
グウ! じゃない クウ! だっ
ところで 何回 となえりゃ いいの?
信心が たりないっ 信心が!!
コテカン

何もかも忘れて!!
一心不乱に!
ギャテーギャテー
ハラギャテー
ハラソーギャテー
ボジソワカ!!
メシも忘れて
クソも忘れて
息するのも
忘れて!
ふざけや
ギャテー!
ケケケ…
どう?
空《くう》の実感
別に
……
何の
変化も
なし!
空《くう》の実感
なんて
どこにも
ないよ
〜〜〜っ

まあ その調子じゃあ 何百回何千回 真言《しんごん》をとなえても 「空《くう》」など実感 出来っこないね
何だと!! さっきは真言《しんごん》を となえりゃ空《くう》を 実感出来ると いったじゃないか
万事 クウす………
ば、ば ばかに すんな!!
ウッツキー!!
ダ蛇レ
いかに価値の あるものでも 扱い方が 違っとれば 何の価値も あらわれん
すると 真言《しんごん》の となえ方が 間違ってると いうこと?
ま、そう 焦らずに 焦らずに
その前に 般若心経《はんにゃしんぎょう》と その真言《しんごん》について 知っておかねば ならんことがある そこから、まず 説明してゆこう

★空《くう》と真言《しんごん》

お経は古代インド語から中国語に訳されたあと日本に伝えられたものなのだが……

インド
お経
中国
日本
その経文の中のある部分は意味を訳さず原語の発音に近い漢字をあてはめたままのところがあるそれらを音写語という……
たとえば下のような言葉がそれだ

パンニャーパーラミター（pan̄n̄ā pāramitā）般若波羅蜜多
ボーディサットヴァ（bodnisattva）菩提薩埵
ニルヴァーナ（nirvāṇa）涅槃
アヌッタラ・サムヤックサンボーディ
（anuttarā samyak sambodni）阿耨多羅三藐三菩提

そしてお経の最後をしめくくる真言《しんごん》もまた原語を音写する漢字を並べたものだ
ガティーガティーパーラガティー
(gate gate pāragate)
パーラサムガティー　ボディー　スヴァーハー
(pārasamgate bodni svāhā)
掲諦　掲諦　波羅掲諦
波羅僧掲諦　菩提僧莎訶
どうしてちゃんとした意味に訳さないの？
たとえばこういうのは訳しようがなかろ？
あ〜らら えっさっさ〜！
特に真言《しんごん》は神仏の霊力が秘められた言葉であるから意味以上に言葉の響きを大切にするため不翻《ふほん》のままにおかれたのだ

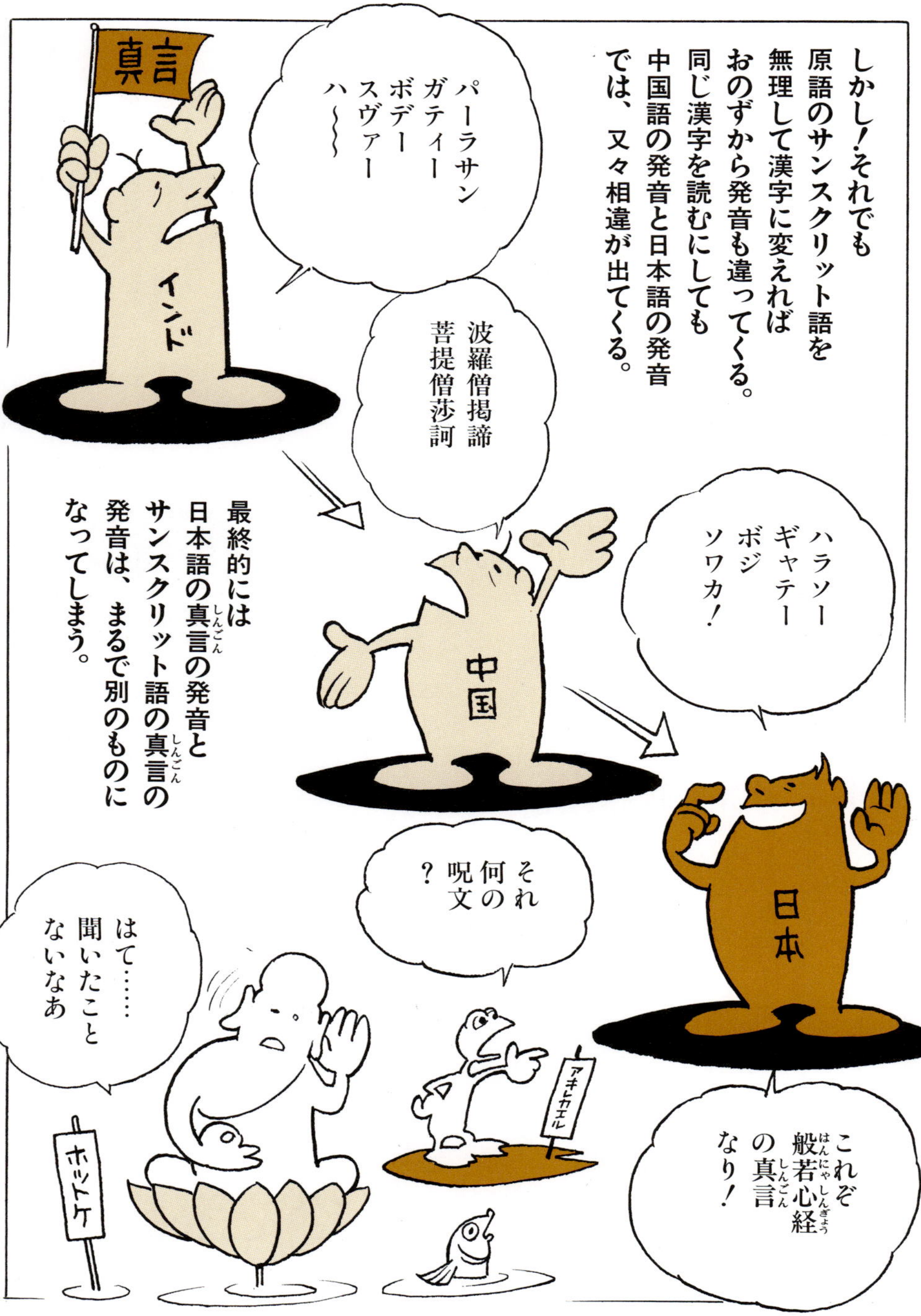
しかし！それでも
原語のサンスクリット語を
無理して漢字に変えれば
おのずから発音も違ってくる。
同じ漢字を読むにしても
中国語の発音と日本語の発音
では、又々相違が出てくる。
真言
インド
パーラサン
ガティー
ボデー
スヴァー
ハ〜〜〜
波羅僧掲諦
菩提僧莎訶
中国
ハラソー
ギャテー
ボジ
ソワカ！
日本
最終的には
日本語の真言《しんごん》の発音と
サンスクリット語の真言《しんごん》の
発音は、まるで別のものに
なってしまう。
それ
何の
呪文
？
アキレカエル
これぞ
般若心経《はんにゃしんぎょう》
の真言《しんごん》
なり！
はて……
聞いたこと
ないなあ
ホットケ

真言《しんごん》はなぜその意味より言葉の響きを大切にするか!?
神秘の力
聖霊の知恵
すなわち真言《しんごん》はその言葉の響きの中に神秘の力が生きているからだ。
その言葉の響きの中に聖霊の知恵が秘められているからだ。
言葉の響きを変えてしまえばそれはもはや真言《しんごん》とはいえないものになってしまう
それは意味を伝えるただの言葉に過ぎない
只の
ことば
ドシャッ
ドシャ!

たとえば
鼻の奥が
むずがゆい時
ハクションと
やればいい。

ところで、その
ハクションを
言葉通りに
ハクションと
いったところで
何にもならない。

本物の
くしゃみを
やって
ごらん！

いうなれば
鼻のむずむずを治す真言《しんごん》は
ハクションだ。しかし！
言葉だけのハクションじゃだめなので
本物のくしゃみでなきゃならない。

ムズ…ムズ…
フクラガメ
のどのむずがりにしても同じだ。言葉だけで何百回、何千回「ごほん」といってもむずがりは治りはしない。
ごほんだよ
ごほんです
はい ごほん
ごほん ですよ〜
本物のせきをゴホン!!とやれば一瞬にして、のどのむずがりは消えてしまう。
やったぁ!
げっほーーん!
くしゃみにしてもせきにしても生理的な必然にかなっているからむずがゆさを除く効果があるのだ 言葉だけのくしゃみやせきには何の効果もない
なりほど……
真言《しんごん》もまたそのようなものだ
ケチロン
ア蛇シもくしゃみをしてみたい……
カミサマ！ヘビはどうしてくしゃみをしないのでしょうか……

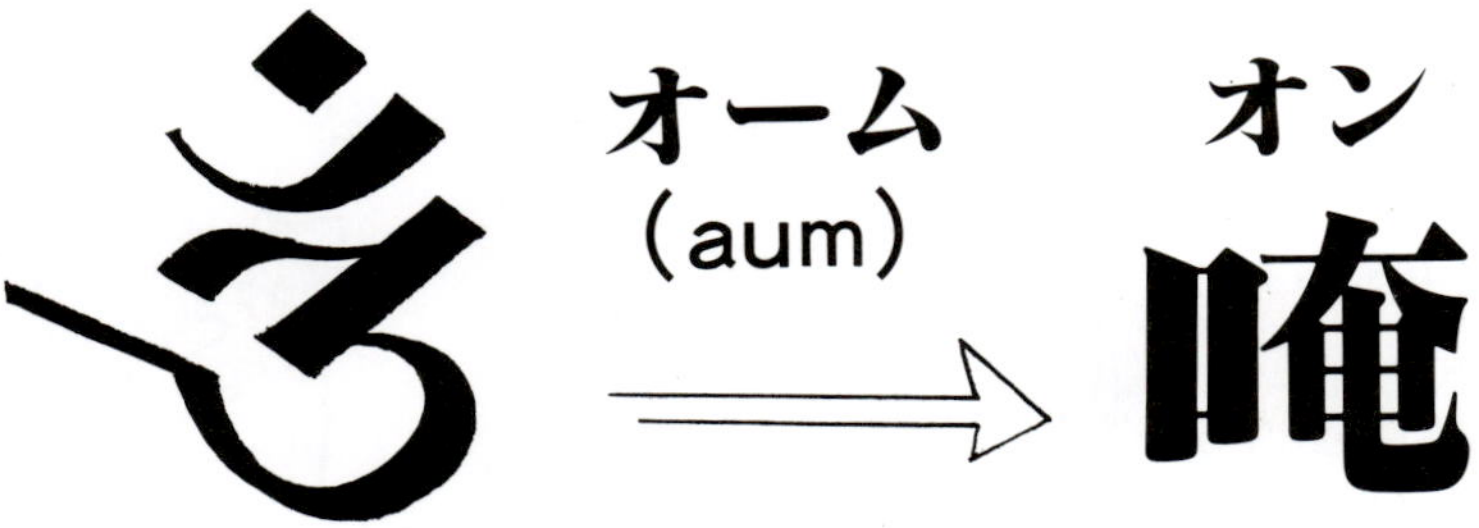
オーム
(aum)
オン
唵

たとえば真言《しんごん》の代表的なものとして
「オーム」という聖音がある。
宇宙を成り立たせている振動音として
古代からヨーガ行者達は、この聖音の
音律を利用して深い瞑想《めいそう》を実現した。
「オーム」を漢字では「唵《おん》」と書く。
それを字のままに読むと「オン」となる。
「オーム」と「オン」ではその音律は
まるで違う。
「オン」の中に「オーム」の観念は生きて
いても聖音の音律は聞かれない。

このように般若心経《はんにゃしんぎょう》の真言《しんごん》も本来の音律から離れてしまえばそこに秘められた神秘の力も働かないし仏の知恵も見失われる
オン!
ヘン!

そういう訳で音訳された漢字を漢字の読み方通りに読みあげると……それは、もとの真言《しんごん》とは別のものになってしまう
……ということは真言《しんごん》の音律を守るためにわざわざ不翻《ふほん》にしておいた三蔵玄奘《さんぞうげんじょう》の心使いも無意味になってしまうということだ
もとの真言
gate gate pāragate
ガティーガティーパーラガティー
pārasamgate bodhi svāhā
パーラサムガティーボーディスヴァーハー
掲諦 掲諦 波羅掲諦 波羅僧掲諦 菩提僧莎訶
ぎゃていぎゃてい はらぎゃてい はらそうぎゃてい ぼじそわか
変化した真言
へ〜
なるほど ずいぶんと違っちゃう もんだな
は〜〜

でも、日本じゃ昔から、ず〜とぎゃていぎゃてい…………ぼじそわかで、通してきたんじゃないの？
その通り、今も法事や葬式でも漢字読みの真言《しんごん》を用いているそれは昔ながらの慣習だからそれはそれでいい
しかし空《くう》の瞑想《めいそう》を実現させるための真言《しんごん》は、本来の真言《しんごん》でなければだめなのだ
ど〜〜して？・
コンテカン
正しい真言《しんごん》には神秘の霊力が秘められている！聖霊の知恵が生きている！
それらの助けによって空《くう》の瞑想《めいそう》が実現できるのだ
ヒトリヨガリ
霊力だとか聖霊だとかそんなの子供だましの迷信に決まってるよ
ばっかばかしい！

迷信かどうか自分でやってみりゃ分ることだ!!
へい！おっしゃる通りで……
でもやる気起きない！バイナラ
真言
真言《しんごん》と一体となって瞑想《めいそう》の中に入ってゆくと真言《しんごん》に秘められている三つの秘密を見出す。この三つの秘密を利用することによって「空《くう》」に至る瞑想《めいそう》が実現される!!
瞑想中
ヒトリヨガり
三つの……？
秘密だって？
へえ……
どんな？
そのた おーぜー

往けり《ガティー》……

往けり《ガティー》……

超えて……往けり《パーラガティー》……

すべてを超えて《パーラサム》……

往けり《ガティー》……

そこに「空」の《ボーディ》……

さとりあり《スヴァーハー》……

真言の意味
のたまい
まず、第一に……真言《しんごん》の意味がそのまま瞑想《めいそう》の意識の運びの表現である
すなわち真言《しんごん》の意味に瞑想《めいそう》意識の運び方が秘められている
ガティー……

ガティー……

パーラガティー……

パーラサムガティー……

ボーディ……

スヴァーハー……

第二に……真言《しんごん》の音律がそのまま瞑想《めいそう》に伴う呼吸法の表現である！この呼吸法によって意識は「空《くう》」の次元へと導かれてゆく

そして第三に………
瞑想《めいそう》の意識と呼吸が
ぴったり一致した時
そこに神秘の霊力が
体現される
神秘の霊力
って………
どんなもの
なの?

まず、呼吸に伴って
チャクラと呼ばれる発光体が
生命の内側に輝き始める。
意識全体がチャクラを中心と
した宇宙と化す!
やがて、ある時……体内に
不思議な圧力がみなぎり
突然、強烈な快感が背筋を
ラセン状にうずまき上る!!
これはクンダリニーと呼ばれる
神秘の現象!!
クンダリニーは上昇し
頭蓋の頂点に達し、そこで
黄金色の光となって炸裂する。
その一瞬、
意識の中の「我」は砕け散り
そこに、生や死を超えた生命の
もとのみが実感される。
それこそが「空《くう》」の実感!
「空《くう》」の次元との一体化!!

これが「空《くう》」の瞑想《めいそう》による「空《くう》」の体験だ
そこにおいて人は知る！
「空《くう》」の実感とは……生命のもとの意識！
それは魂の意識だと
このように般若心経《はんにゃしんぎょう》の短い真言《しんごん》の中には実に、我々を「空《くう》」の実感に導く仏の知恵が秘められている。
我々は、その仏の知恵の助けを借りて「空《くう》」の実感を自分の生命の中に体現することが出来るのだ！
のたまい
ヒトリヨガリ
空《くう》の実感ってそんなに大切なことなの？
大切も大切！ 般若心経《はんにゃしんぎょう》は一口にいえば「空《くう》」を知らしめる教えだ
でもどうして空《くう》の実感がそんなに大切なことなの？
空《くう》の実感！ そこに生れるもの！ それが般若《はんにゃ》の知恵だからだ

★空と般若波羅蜜多と真言の関係

如来《にょらい》の知恵が
秘められた真言《しんごん》も
「空《くう》」から生まれた
般若《はんにゃ》の知恵に
ほかならない。

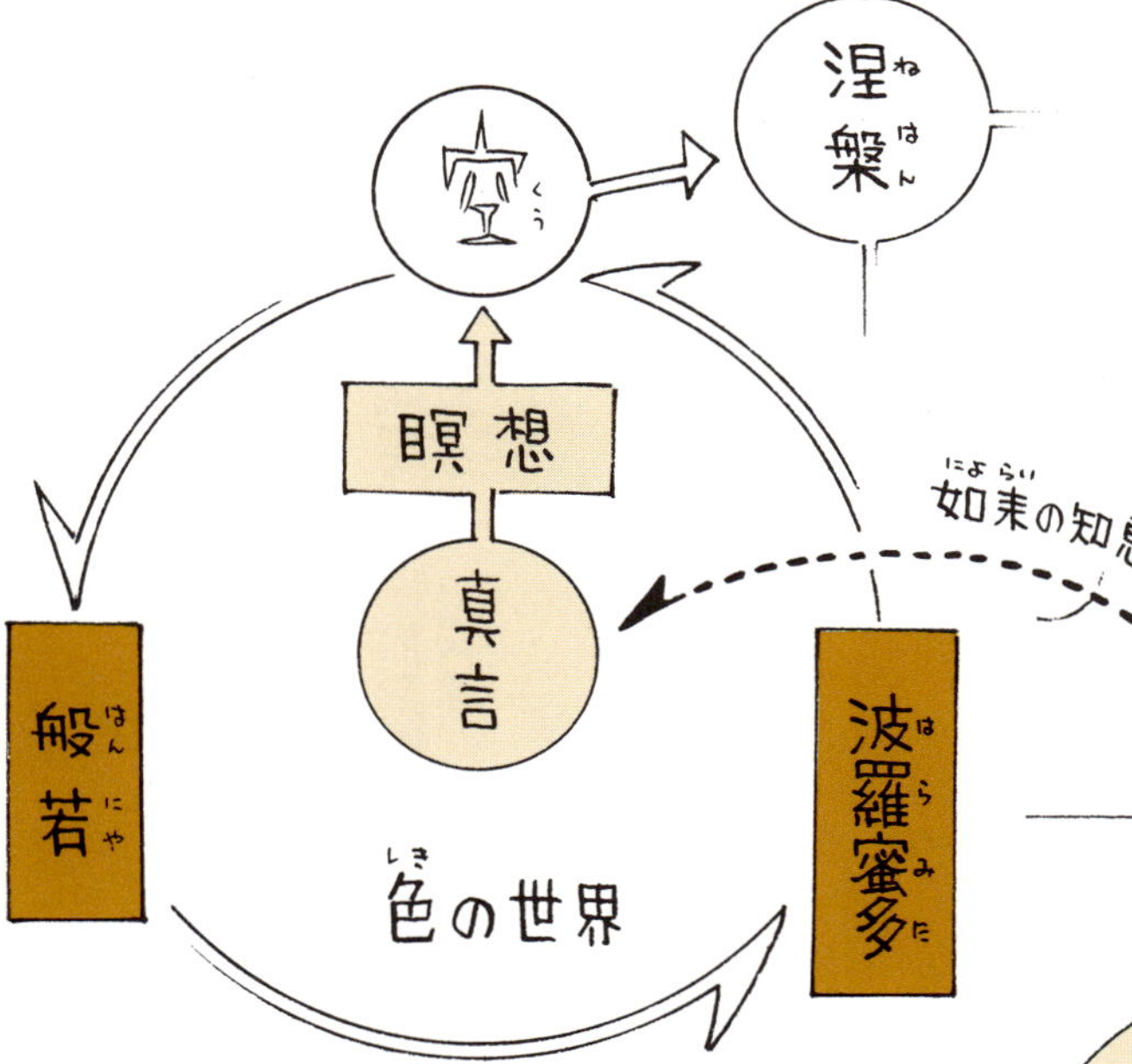
涅槃《ねはん》
空《くう》
瞑想
真言
般若《はんにゃ》
波羅蜜多《はらみた》
色《しき》の世界
如来《にょらい》の知恵

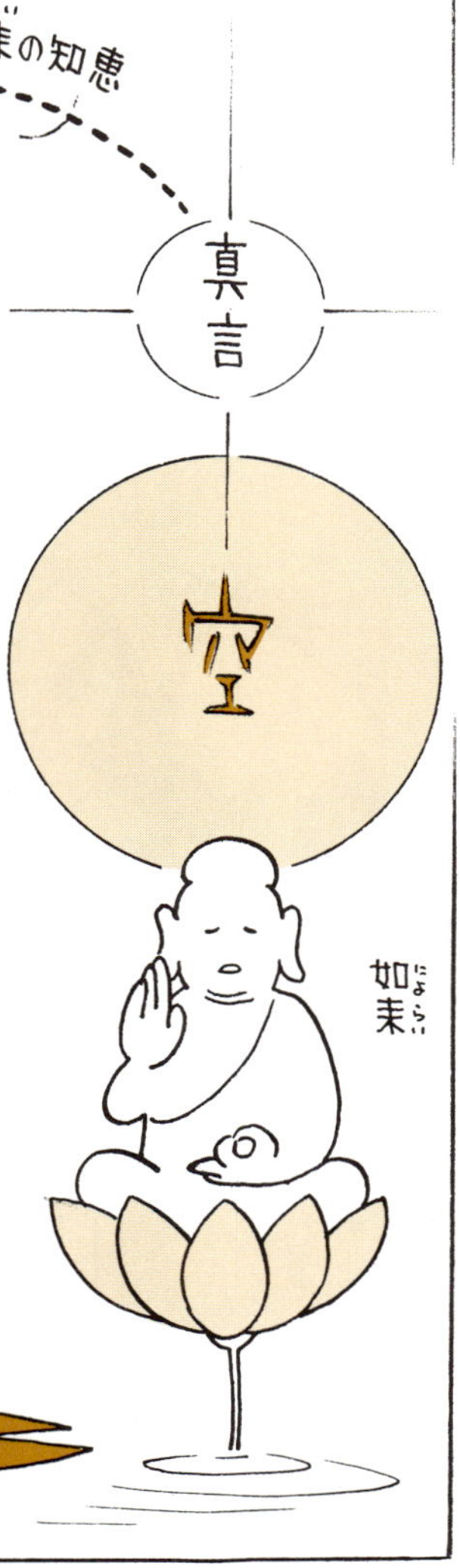
真言
空
如来《にょらい》

我々は
その真言《しんごん》によって
空《くう》の瞑想《めいそう》から
空《くう》の実感を知る！

空《くう》を実感するところに
般若《はんにゃ》の知恵が生まれる！

般若《はんにゃ》の知恵によって
「空《くう》」が理解される！

このようにして
仏の知恵が
我々の生命の中に
めぐり始める！

空〜
ク〜
ク〜

空《くう》こそ　存在の根源だ！
生命の根源だ！
空《くう》を知るということは
自らの生命の意味を知ることだ。
それは
自らの霊性《れいせい》に気付くことだ。
それが魂の目覚めだ！
そこから魂の自覚が始まる！

そこにおいて人間は
自分の心の正体を知る。
「我」の愚かしさを知る。
苦悩の根源を知る。
そして
心に振り回されていた自分を
心を操る自分へと
変えてゆく知恵が湧く。
愚かしさが作る苦悩から
自分を解き放つ知恵が湧く。

これこそ彼岸《ひがん》に到る知恵!!
すなわち般若波羅蜜多《はんにゃはらみた》だ。

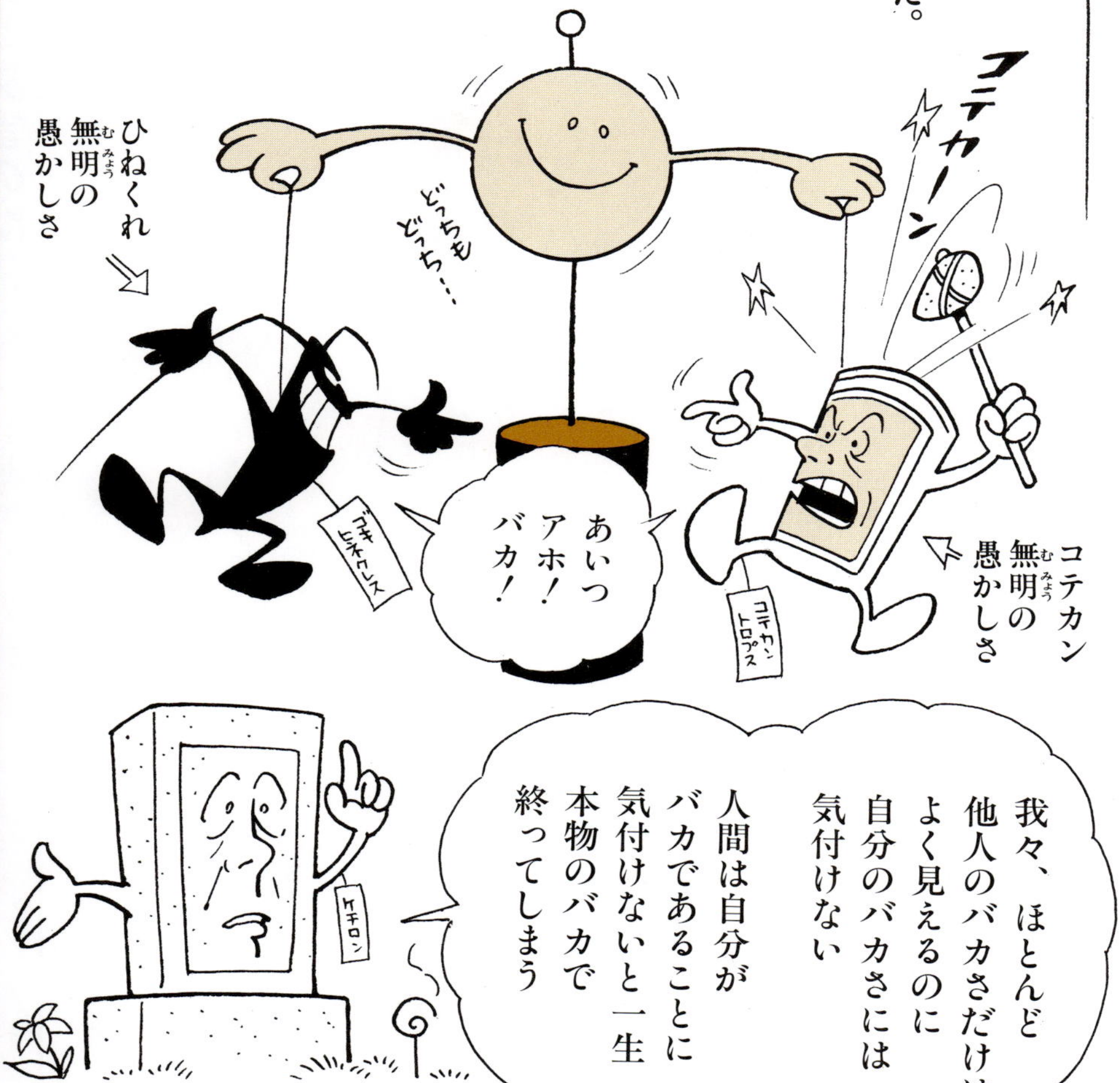

コテカーン
コテカン
無明《むみょう》の
愚かしさ
コテカントロプス
どっちもどっち…
ひねくれ
無明《むみょう》の
愚かしさ
ゴキヒネクレス
あいつ
アホ！
バカ！
ケチロン
我々、ほとんど
他人のバカさだけは
よく見えるのに
自分のバカさには
気付けない
人間は自分が
バカであることに
気付けないと一生
本物のバカで
終ってしまう

★舎利子（シャーリプトラ）と観自在菩薩《かんじざいぼさつ》

観自在菩薩《かんじざいぼさつ》
行深般若波羅蜜多時《ぎょうじんはんにゃはらみったじ》
照見五蘊皆空《しょうけんごうんかいくう》
度一切苦厄《どいっさいくやく》

このように
観自在菩薩《かんじざいぼさつ》もまた
空《くう》の瞑想《めいそう》によって
五蘊《ごうん》はすべて
空《くう》であると見抜かれた。
そして、そのことを
修行者の舎利子《シャーリプトラ》に
語りかけられる………
それが
「舎利子《しゃりし》
色不異空《しきふいくう》　空不異色《くうふいしき》
色即是空《しきそくぜくう》　空即是色《くうそくぜしき》
受想行識《じゅそうぎょうしき》　亦復如是《やくぶにょぜ》」
へと続いてゆくお経の
経文となっている。

ここで登場する
シャーリプトラ
とは……
お釈迦様の
十大弟子と
いわれた人々の
中のひとりとして
実在した人だ
だが観自在菩薩《かんじざいぼさつ》は
空《くう》の実相を
シャーリプトラだけに
教えているのではない
シャーリプトラを
通して、我々
すべての人間に語り
かけておられるのだ
十大弟子の中で
知恵第一といわれた
シャーリプトラ

え〜〜……少々ひねくれたところからものを伺いますが……
いちいちことわらなくったってお前はいつもひねくれたところからしかものがいえん奴だと分ってるよ
ぼさ〜〜っ
観自在《かんじざい》菩薩《ぼさつ》って〜〜のは実在していた人なんですかねえ……
観自在《かんじざい》菩薩《ぼさつ》は仏の仮身だ如来《にょらい》の聖霊だ「空《くう》」の次元の存在だからこの世には実現しない！
シャーリプトラ
舎利子
……で、しょう？シャーリプトラは実在した人……とね！実在しない人が実在した人に話しかけられるはずがないでねえの！そうでげしょうが！
いくらお経だからって、そう現実離れしたことを書かれたんじゃあこちとらしらけてまじめに聞く耳持てないのよね〜〜

このドアホめが!
出たっ!!
ひねくれ・どたま・にゃいつも悪知恵ばっかりで本当の知恵はまるっきり働かんのじゃ!!
ここでもお経の文字の表面の意味だけをウ呑みにしていてはお経が教える深い意味など何ひとつ理解出来んわい
舎利子《シャーリプトラ》という人の名前ひとつにしても、その奥にふか〜〜〜い意味が秘められているんじゃっ
お前には般若《はんにゃ》の知恵がまるでないからそこにも気付けんのじゃ!!バカめが
シャーリプトラ
まず、お経になぜ舎利子《シャーリプトラ》が登場してくるか考えてみろ!
考えたって分りっこない……
ゴキ

なぜ、ここで
舎利子《シャーリプトラ》が登場
してくるか……?
お経では
実在しない
観自在菩薩《かんじざいぼさつ》が
実在する
舎利子《シャーリプトラ》に向って
「空《くう》」の実相を
語りかけていく。
そこに
深い深い意味が
秘められている!
その意味とは……
シニワスレ
舎利子《シャーリプトラ》とはさっきも説明したようにお釈迦様の弟子の中で知恵一番といわれた人だ。
その知恵とは「空《くう》」の瞑想《めいそう》に伴って人間生命の奥深くに自然に目覚める般若《はんにゃ》の知恵つまり仏智のこと
仏智
観自在菩薩
空の瞑想行
般若湯
シャーリプトラ
すなわち実在しない
観自在菩薩《かんじざいぼさつ》とは、ここでは
仏智の表現であり
実在する舎利子《シャーリプトラ》とは
ここでは「空《くう》」の瞑想行《めいそうぎょう》
の表現なのだ。
方便《ほうべん》ですよ!

観自在菩薩《かんじざいぼさつ》が舎利子《シャーリプトラ》に
語りかけるというのは……
「空《くう》」の瞑想行《めいそうぎょう》と、そこに
目覚める般若《はんにゃ》の知恵の
関係を舎利子《シャーリプトラ》と
観自在菩薩《かんじざいぼさつ》におきかえて
表現しているのだ。
「舎利子《シャーリプトラ》よ！」と
語りかけているのは
「空《くう》」の瞑想《めいそう》の中において
仏智が湧き出ずる状態
にほかならない。
「空《くう》」の瞑想《めいそう》の中から
湧き出ずる知恵とは
自分が考えたことではなく
まさしく仏の聖霊から
何かを教えられた……
という実感が伴う
ものだ
瞑想《めいそう》の中に
仏の霊は
そうした形で
あらわれてくる
……
般若心経《はんにゃしんぎょう》では
それが、舎利子《シャーリプトラ》よ！と
「空《くう》」について語りかける
観自在菩薩《かんじざいぼさつ》という形で
表現されている……

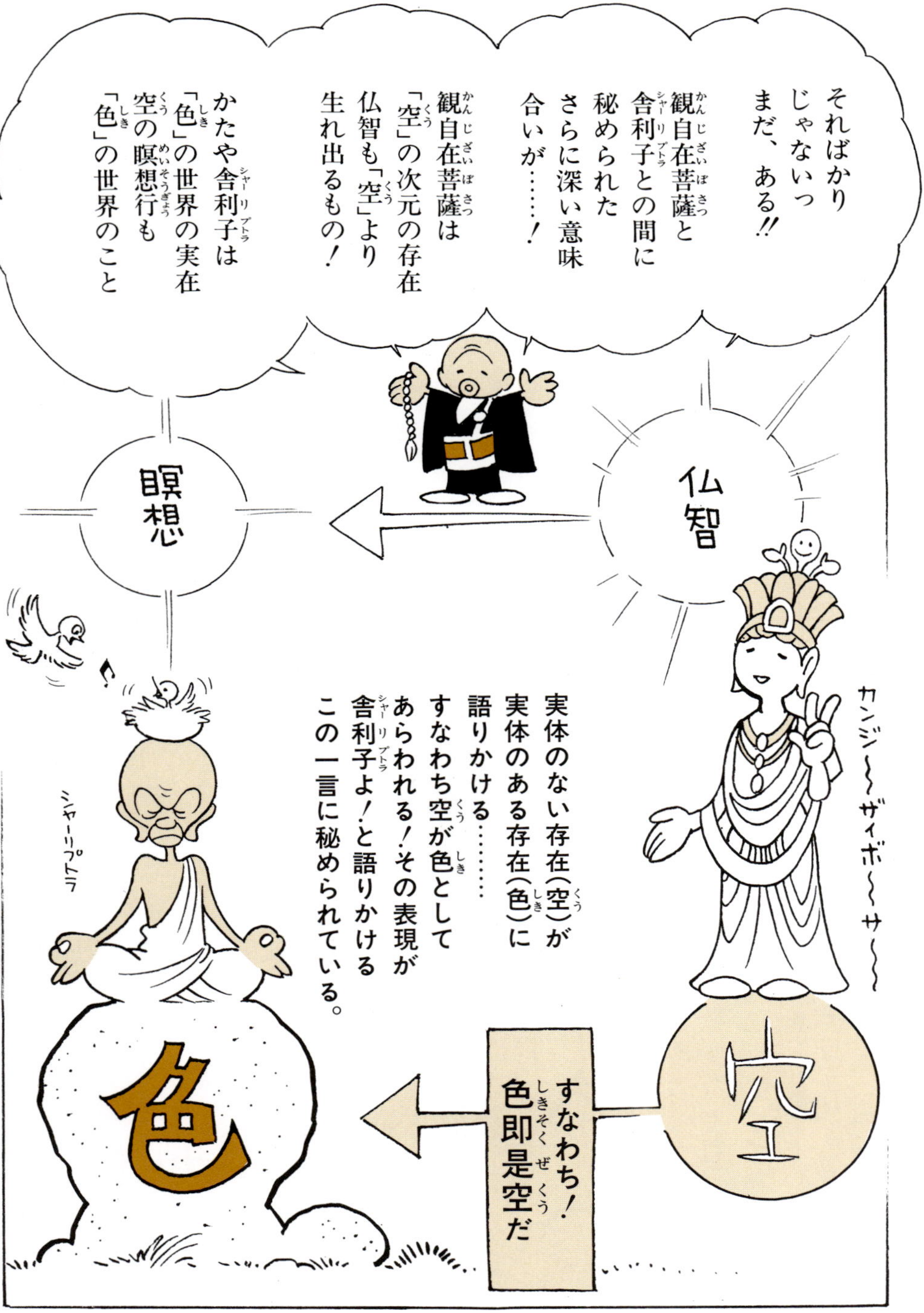
そればかりじゃないっまだ、ある!!
観自在菩薩《かんじざいぼさつ》と舎利子《シャーリプトラ》との間に秘められたさらに深い意味合いが……!
観自在菩薩《かんじざいぼさつ》は「空《くう》」の次元の存在
仏智も「空《くう》」より生れ出るもの!
かたや舎利子《シャーリプトラ》は「色《しき》」の世界の実在
空《くう》の瞑想行《めいそうぎょう》も「色《しき》」の世界のこと
瞑想
仏智
カンジ～ザイボ～サ～
シャーリプトラ
実体のない存在(空《くう》)が実体のある存在(色《しき》)に語りかける……
すなわち空《くう》が色《しき》としてあらわれる!その表現が舎利子《シャーリプトラ》よ!と語りかけるこの一言に秘められている。
すなわち!
色即是空《しきそくぜくう》だ
空
色

「色《しき》」なる現象は
「空《くう》」の次元より
あらわれいでる！
「空《くう》」なる次元は
「色《しき》」の世界の
根源！……と。
ここから般若心経《はんにゃしんぎょう》は
いよいよ空《くう》と色《しき》の
関係について語り
始めるのだが
その以前に
観自在菩薩《かんじざいぼさつ》と
舎利子《シャーリプトラ》を登場
させることによって
そのふたりの特性から
すでに、そこに
色《しき》と空《くう》の関係を
実体のある、なし
瞑想《めいそう》と般若《はんにゃ》という
相互的な関係に
からげて表現して
いるのだ。

色《しき》不《ふ》異《い》空《くう》
空《くう》不《ふ》異《い》色《しき》
色《しき》即《そく》是《ぜ》空《くう》
空《くう》即《そく》是《ぜ》色《しき》
ヒトリヨガリ
メーソー中
へええ〜〜〜〜え
気が付かなかったなあ
舎利子《シャーリプトラ》！という一言の
中にも三段構えの
秘密があったのか……
へええ〜〜〜〜え
その通り!!
般若心経《はんにゃしんぎょう》は
お経の神ズイだ
濃縮されたその中
には秘められた
意味が限りなく
ある！
そのた　おー　ぜー
そうした
秘密の部分は
お経の文字の
表面のみを
たどっていっても
決して気付ける
ものではない
そればかりか
全体の意味の解釈
までトンチンカン
なものへと脱線
してゆく
ケチロン

どうすれば
般若心経《はんにゃしんぎょう》の中の
秘められた意味に
気付けるの？
空の瞑想を
実践しなはれ！
つまりそれが行深
般若波羅蜜多ぞな！

すなわち！
空《くう》の瞑想《めいそう》の実感の中から生れ出る
感性によって般若心経《はんにゃしんぎょう》の深い意味が
自然に分るようになってくる！
なぜなら般若心経《はんにゃしんぎょう》そのものが
「空《くう》」の実感から生れた感性による
「空《くう》」の表現そのものだからだ！

まず、何よりお釈迦様も
知識によって「空《くう》」を説か
れたのではない。
「空《くう》」の瞑想《めいそう》を通して
生命の実相を感応され
たのだ。
それを受け継いで般若心経《はんにゃしんぎょう》
をまとめた聖者達もまた
「空《くう》」の瞑想《めいそう》から得た
般若波羅蜜多《はんにゃはらみた》によって
「空《くう》」を表現された！
それが「般若心経《はんにゃしんぎょう》」だ。

われわれもまた、それを
理解するには「空《くう》」を実感
するしかない！般若心経《はんにゃしんぎょう》は
仏教の知識だけで理解
出来るものではない！
「空《くう》」の瞑想《めいそう》の中において
「空《くう》」なる次元の聖霊の
波動を感応し、共鳴する
ところから自然に般若心経《はんにゃしんぎょう》
の秘められた意味が
見えてくるようになる！

だから般若心経《はんにゃしんぎょう》では
何より「空《くう》の瞑想《めいそう》」の
大切さを強調しています
「空《くう》」を理解するのは
知識じゃない
瞑想《めいそう》ですよ！
のたまい
般若心経《はんにゃしんぎょう》は
瞑想《めいそう》から生れた
知恵の世界!!
知識の世界とは
頭の使う角度が
根本的に違う！
瞑想《めいそう》抜きの
知識の世界から
知恵の世界は
理解出来っこ
ない！

空《くう》の瞑想《めいそう》によって
空《くう》を実感すれば
空《くう》の次元に感性が
自然に共鳴する。

そして観自在菩薩《かんじざいぼさつ》が
舎利子《シャーリプトラ》に語りかけるのと
まったく同じように
瞑想《めいそう》するものの魂の次元に
如来《にょらい》の聖霊が語りかけ
般若心経《はんにゃしんぎょう》をテキストとして
そこに秘められた深い意味と
生命の実相を教えてくれる。

ケチロン

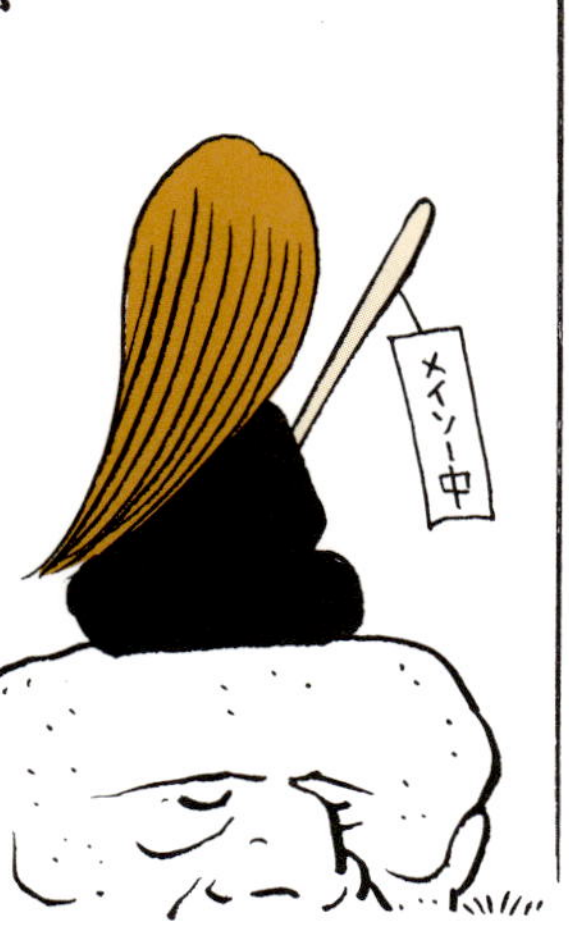
メイソー中
ヒトリヨガリ

これも方便《ほうべん》と
しての表現
なのだから
言葉のままに
ウ呑みには
しないでよ！
念のタメ・・・
蛇足

舎利子《しゃりし》
色《しき》不《ふ》異《い》空《くう》空《くう》不《ふ》異《い》色《しき》
色《しき》即《そく》是《ぜ》空《くう》空《くう》即《そく》是《ぜ》色《しき》
受《じゅ》想《そう》行《ぎょう》識《しき》亦《やく》復《ぶ》如《にょ》是《ぜ》

シャーリプトラよ！
すべてのものが
「空《くう》」によって
成り立っている。
色《しき》と空《くう》とは
別のものではない。
色《しき》とは空《くう》による
物質的現象だ。
空《くう》とは色《しき》をあらわす
根源的なものだ。

苦楽の感受も
感覚に応ずる想念も
行動につながる意志や
衝動も
そうしたものから生まれる
認識や知識も
すべてが「空《くう》」より
あらわれいでる。

たとえば地球は常に
太陽のあたるところと
太陽のあたらぬところに
分かれている。
太陽のあたらぬところは
まっ暗で何も見えない。
いうなれば「空《くう》」だ。
それがぐるりと回転して
太陽に照らされると
そこにさまざまな風景
があらわれる。
いうなれば「色《しき》」だ。

しかし
太陽があたろうと
あたるまいと
地球そのものには
変わりがない。
「色《しき》」と「空《くう》」とは
もともと別のもの
じゃない。

シモネタ コーナー
スパン！ スパン！ スパン！
空 空 空
何だ 何だ
よよっ
屁は見えないから「空《くう》」である！
へ〜 そうなのっ・
ダ蛇レ
しかし それが漂って 人にぶつかると においで「屁」と分る！ すなわち それが色《しき》!!
うひゃっ
くしゃ〜〜っ
におう におわないに かかわらず 屁は常に 屁である!! すなわち 空《くう》不《ふ》異《い》色《しき》！
へへへ・・・
へのカッパ
これ まさに 屁理屈の 極致！

急性ガス中毒
傷は浅いしっかり……
屁にはブーッ！ス〜〜ピィー!!の三種の色《しき》あり！
シモネタコーナー
へのカッパ
ひこひこ
ブーッは音高くしてにおい低し……の色《しき》
ギャッ
がばっ！
ス〜は音低けれどにおい高し……の色《しき》
ニゲレ！
ひこ……ひこ……

ピィーは
みの出る
恐れあり
……の色《しき》
おまえ
そこで何の
説明やっとる
のじゃ？
色屁異空
空屁異色
屁の色《しき》は
変われども
空《くう》なる屁に
異ならず
へんなの!!
もう少し
ましな
たとえが
出来ん
のか！
人格を
へたがわ
れるぞ！
へのかっぱ
へのかっぱ
ヘ ト チ テ タ

偉大なるアイシテーン博士もオス・メスに分けるとオスであるしかし研究に没頭している時はオス・メスに関係ない状態でありすなわち「空《くう》」である
ヘッコミ
$E = mc^2$
おけ屋のもうけ＝風＋ほこり^2
（相対性原理）
オス
おあずけ
ヘリクツ
そこにいとしのうららちゃんがあらわれると……
うらら～うらら～春うらら～
ヘッコミ
たちまちアイシテーンのオスが目覚めて空《くう》は色《しき》に一転する！　しかし……空《くう》のアイシテーン博士も色《しき》のアイシテーン博士も変わりはない、すなわち色《しき》不《ふ》異《い》空《くう》、空《くう》不《ふ》異《い》色《しき》
ヘリクツ
アイシテ～ン

屁理屈はいいかげんにへろ!!
きさまもいいかげんにへっこめ!
バヘヘイ!
へ〜〜!
結局、色不異空《しきふいくう》とは、どういうことなの?
色《しき》は空《くう》に異らず……だ
な〜〜るほど……さすが!!
こてん!
アキレガエル
博士!色即是空《しきそくぜくう》について一言!
またか!
うらら うらら
ズズズ

ここに「色《しき》」なる生命体があるこれをばらばらにするとどうなるか？
ま、殺人罪で刑ム所行きだろうな
そうだろうなあ……ヤッパリ！
個体は消えてさまざまな器官や組織に分かれる……
さらにそれらをばらばらにするとどうなるか？
無数の細胞の集りになる！
その細胞をもばらばらにするとどうなるか？

さまざまな元素の集りになってもはや、それは生物とはいえない化学反応の世界だ。それでも、まだ「色《しき》」の世界だ。
これらの元素をさらにばらばらにするとどうなるか?
物質の究極の姿つまり原子の運動になる!
その原子をもばらばらにするとどうなるか?

そこには無限にからみあうエネルギーの波動あるのみだ
そのエネルギーの波動をもばらばらにしてしまうとあとに何が残るか？
最終的には何もない！色《しき》の限界を超えたところ！そこにはもはや何もない!!
にもかかわらずそこに何かがある！存在を超えた存在がある!!

存在を超えた存在……！それは意志を持っている！存在をあらわそうとする意志を持っている！自らをあらわそうとする意志を持っている！
それこそが「空《くう》」だ!!
存在を超えて存在する意志！あるいは指向性！それこそが「空《くう》」と表現されているものだ!!

空《くう》の波動するところに原子が形成され
原子のうずまくところに宇宙があらわれ
そこに元素が形作られ複雑な化学反応の中で生命体が生れ出る
さらには色《しき》の世界のあらゆる現象がそこにあらわれる

色《しき》を逆にたどれば空《くう》となり……空《くう》をたどってゆくと色《しき》となる！
色《しき》の根源は空《くう》！空《くう》のあらわれが色《しき》！両者は別のものではない……
すなわちこれが色《しき》不《ふ》異《い》空《くう》空《くう》不《ふ》異《い》色《しき》色《しき》即《そく》是《ぜ》空《くう》空《くう》即《そく》是《ぜ》色《しき》の持つ意味だ。
空
色
空《くう》とは存在を超えた存在！存在成り立ちの理法！物質的現象をあらわす法則性！現象の本質！現象の根源！「縁」として働いている力！色《しき》を成り立たせる秘められたエネルギー！宇宙の法則！神の指向性！仏の命！
空《くう》とはそうしたもののすべてである
ケチロン

でも変だなあ……
何が？
般若心経《はんにゃしんぎょう》を解説している他の本を見ると空《くう》とは実体のないことと書いてあるよ
そう！空《くう》にはたしかに実体はない
般若心経
ケチロン
あらゆるものが空《くう》なんだって！永遠に存続する実体などというものはどこにも存在しないんだって！
うむ それも まさしく 真理だ
世の中に存在するものはすべてひとときとして停止することはない！
のたまい
あらゆるものは時間と共に刻々と変化してゆく
存在するものの究極の姿はエネルギーの波動だ 波動とは動いているもの 動いているものとは変化しているもの！

微動だにしない大岩石も
長い年月のうちには
自然崩壊して砂に変わる。

なれのはて

長寿の元素ウラニウムも
その内部において放射性元素
の崩壊という形をとって
別の元素に変化してゆく。

半減期45億年
U
原子番号92

地球のオヤブンの太陽でさえ
五十億年も経てば燃え尽きて
ひからびた死の星になっちまう。

五十億年

いとしのうららちゃんも数十年も経ったなら……

アイシテ〜〜ン
うらら
うらら…

春うらら〜〜

もはや別の人…………

うら…

うら…

うらめしや〜

このようにすべてのものが変化する宿命の中で存在している存在とは変化の連続にほかならない
あらゆるものに実体というものはないんだって！だからすべてが空《くう》なんだって！

般若心経

ぼく達ここにこうしているように見えるけど本当は空《くう》だから何もないんだって！
何もないったって現に、こうしてここにいるんじゃねぇか！
どうしてくれるんだっ
でも……
実体がないんだから悩みや苦しみももともとないんだって！
だって、この通り苦しみは現実にあるじゃんかよ～～お……
生きるのや～～だ
死ぬのや～～だ
オヨヨヨ～～
大口ヘリクツ！
アホれ出しヘリクツ
もともとないのにあるように思うのがアホなんだって！
スパン！！
そのアホが現実にいるんじゃねえかっ
どうしてくれるんだ！

み〜んなみ〜んな気のせいなんだって！
気のせいですまされるかっばかにすんな!!
カットキ
モ〜ケ
いるのに本当はいないから色即是空《しきそくぜくう》！いないのに現にいるから空即是色《くうそくぜしき》！これが分れば人生の悩みはすべて解消！
もう恨めしくも何ともない！あらえっさっさ〜とね
スチャラカチャンチャカチャン
モ〜ケ
めちゃくちゃ云わはる
ヘリクツばんざい!
スポン
お〜よよよ〜お…!
よけいに悩んじゃうよ〜〜っ
ナキ
へのかっぱ

あるのにないから色即是空《しきそくぜくう》ないのにあるから空即是色《くうそくぜしき》これが分れば涅槃《ねはん》の境地!!分る?
わっかる訳ね〜〜だろっ! そんなもの分る前に気が狂うよっ
でも、えらーい人がそういってるんだぞ! えらーい人のいうことは正しい!
その えら〜〜い人はアホだ!! 多分、自分でもなにいってるか分ってないんだ! ぶっ殺せ!!
まあまあ 落ち着いて 落ち着いて
怒ったって何にもなりゃせん! 怒りは不幸の根源じゃ!
だって、怒りたくもなるよ! 訳分らんことが悟りだ!なんていわれりゃ……

要するに「空《くう》」の解釈が根本的なところで脱線しているから訳分らん説明になっているんだ
えーっ脱線？
えら～い人の解説が!?まさか……
ほんとかね!?
その た オー ゼー
そこで何が根本的に狂っているか!?それをつきとめてみよう
まず「空《くう》」ということばのもとは………
サンスクリット語のシューニャター(sūnyatā)
その意味は――何もない状態、あるいはゼロ
「色《しき》」はルーパ(rūpa)
意味は――形あるもの、物質的現象
これを色即是空《しきそくぜくう》空即是色《くうそくぜしき》にあてはめると……物質的現象は何もない状態何もない状態がすなわち物質的現象ということになる
何だっそりゃ!!言葉になってないじゃんかっ
カットキ
カミツキ

たしかに言葉になってない
あるのにない！ないのにあるもの、な〜に
それが色即是空《しきそくぜくう》だ だから仏教は意味深い うん!!
分ってないのに限ってこういうセリフを吐きたがるのよ！
コテカン！
コテカン
ゴキ
物質的現象とは実体そのものの世界じゃないか！それがどうして何もないといえるんだっ
あらゆるものは永遠性という実体を持たないから空《くう》なんだって
カットキ
永遠だろうが瞬間だろうがあるものはあるしないものはない！
ペッ！
へのカッパ
そうよ、そうよ あるものをないようにいったところでそれはヘリクツ・・・ ないものをあるようにいったところでそれもヘリクツ・・・

★空《くう》の脱線

でも般若心経《はんにゃしんぎょう》の解説書には「空《くう》」とは何もない状態と説明されてるよ ケチロンのおじさん これ どういうこと?
実は観自在菩薩《かんじざいぼさつ》が色即是空《しきそくぜくう》と表現している「空《くう》」は何もないという意味で使われている言葉の「空《くう》」とは無関係な別の意味なのだ
え〜〜!?
ケチロン
「空《くう》」という言葉の概念から色即是空《しきそくぜくう》の解釈がとんでもない方へと脱線してしまっているのだよ
まさしく その通り! 観音《かんのん》様の説く色即是空《しきそくぜくう》の空《くう》は言葉の「空《くう》」のことではない
は〜〜?
こりゃ おどろいた!

般若心経《はんにゃしんぎょう》の最初のところを思い出そう
観自在菩薩《かんじざいぼさつ》行深般若波羅蜜多時《ぎょうしんはんにゃはらみったじ》照見五蘊皆空《しょうけんごうんかいくう》……
すなわち！観自在菩薩《かんじざいぼさつ》が深い瞑想《めいそう》の行《ぎょう》の中で生命の内奥の実感で見極めたもの!!それは存在を超えた存在の実相だ！それは生死の次元を超えた生命現象の根源的な姿だ！それはすべての法則性だ!!
根源的なる法則性……
それは、まさしく実体のないものだ。
表現する言葉もなし、概念もなし！
しかし、それを人に理解させるには
言葉が必要だ。概念も必要だ。
何らかの方法で表現が必要だ。
そこで観自在菩薩《かんじざいぼさつ》は
「実体のない」という意味を持つ
「空《くう》」という言葉を選ばれた。
空
ケチロン

ここで間違えてはならない!!

観《かん》自《じ》在《ざい》菩《ぼ》薩《さつ》は生命の内奥で実感した神秘を「空《くう》」という言葉を借りて表現しているのであって言葉としての「空《くう》」の意味が、そのまま実感した神秘の意味をあらわしているのではない!

この取り違えが「空《くう》」の解釈をとんでもない脱線に導いているのだ!!

空《くう》の取り違え……?

は〜

へ〜

ケチロン

まだ分らんのなら例を挙げよう。
たとえばキリスト教では
「天にまします我らの神よ」
……と、祈る。
天という言葉の意味は大空だ。
しかし、「天にまします」という
時の天は大空のことじゃない。
神の存在するところの表現
として「天」という言葉を
使ったに過ぎない。
それを神は大空に存在する!
と、思い込むと……
これはアホまる出しだ。

神は天にまします 天とは大空のことだ すなわち神は 大空におられる!
存在の根源は空《くう》だ 空《くう》とは何もないことだ すなわち存在とは 何もないことだ!!
この両者の どこが違う? まったく同じように 言葉の概念から アホまる出しの 脱線をやっている
アホカー
カーチャン
テルボーズ
それじゃ すべての存在は 永遠の実体を 持たない…… というのも おかしいの?
いや、いや それは、まさしく 真理だ!
ただし その真理を 色即是空《しきそくぜくう》の 空《くう》に くっつけると いうことが 空《くう》の理解の 脱線なのだ
どのように 脱線してゆくかを もう一度振り 返ってみよう
ケチロン

まず観自在菩薩《かんじざいぼさつ》が
瞑想《めいそう》の行《ぎょう》の中で
見極めたもの……
それは
肉体も
その働きもすべて
根源的な超存在の
法則性の中に
成り立っている！
……と
いうことだ
色即是
？
この段階では、まだ、それを
いいあらわす言葉がない。
だが、このままでは
人に説明のしようが
ない。そこで
？のところを
「空《くう》」という言葉で
代弁された。
色即是
空
根源的な法則性
ところが
「空《くう》」の実感を知らぬ人は
空《くう》という文字を見ると
空《くう》を文字通りの意味に
解釈してしまう。
空《くう》とは
……
何もない
……と
いうこと！
空

じゃ空《くう》のところは何にもなし……と入れかえよう！
すると色即是《しきそくぜ》空《くう》とは物質的現象はこれすなわち何にもなし……となる
色即是
空
何にもなし
しかし……何となく変だなあ
我々は、ここにこうして実在しているように見えても、実は何にもなしの状態である……
は〜？
現にこうしてここにいるのに何もなしとはどういうことだ
ここで何とかしてあるものをないというところで納得できる意味をつけなければならない。

あらゆるものには永遠性という実体はないので〜す
のたまい
あれだ！あれこそ空《くう》の真理だ！
これを色即是空《しきそくぜくう》の空《くう》にあてはめれば意味が立派に成り立つではないか！
うん！
コテーン!!
アキレガエル
異心同体
その他オーゼー
たとえばここにその他オーゼーという生き物がいる
しかしみんながばらばらになってしまえば……

もはやどこにもその他オーゼーなどという生き物はいない
すなわちその他オーゼーなる生き物は、もともと空《くう》である。
ぞろぞろ……
その空《くう》なるところにみんなが集ってくると……
ぞろぞろ……
その他オーゼーなる生き物が現実に姿をあらわす！
すなわちその他オーゼーなる生き物とは現象であってその実体は空《くう》である。
その他オーゼー
やったぜ！
これぞまさしく色即是空《しきそくぜくう》空即是色《くうそくぜしき》の深～い意味!!

あるものはない
ないものはある
ではまるっきり
意味にならない
もともと
出発点において
空《くう》の意味が
本来のものから
脱線してしまって
いるのだから
無理が生れる
ある
色
即とは
是
空
ない
ない
空
即とは
是
色
ある

そこで無理して
あらゆるものには
「永遠性という実体
がない！」という
真理をそこに
あてはめることで
色即是空《しきそくぜくう》を一応
意味のある言葉に
することが出来る。

つまり
物質的現象(色《しき》)
とは、もともと実体の
ないものだ。
実体がないから「空《くう》」
である。
実体のないもの(空《くう》)
の集りの中に現象が
起る。それは物質的現象
(色《しき》)である………と。

は〜〜分ったような
分らんような理屈
だなあ
あ〜あ
へのかっぱ
しかし、たしかに
その通りじゃ
ないか！

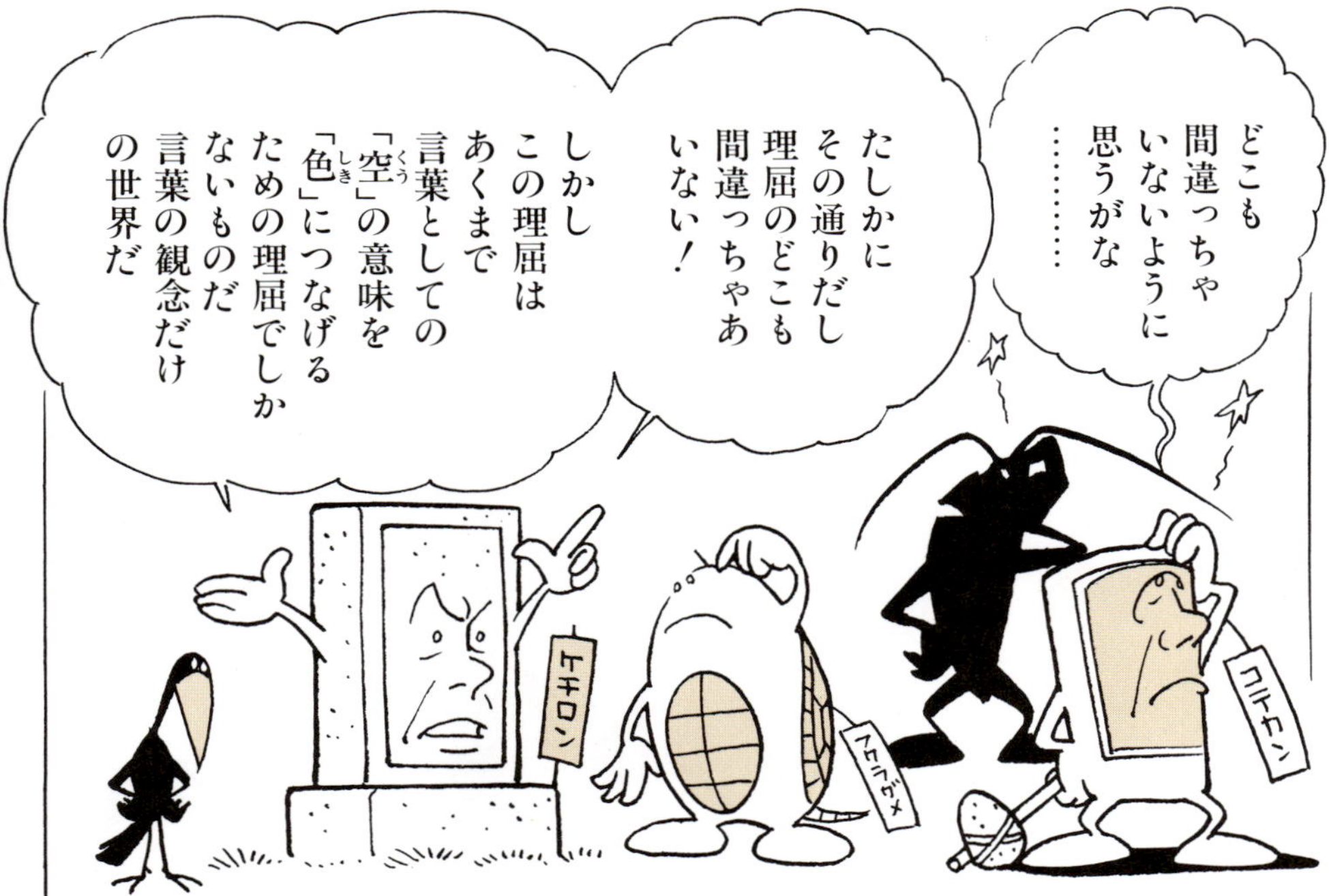
どこも間違っちゃいないように思うがな……
たしかにその通りだし理屈のどこも間違っちゃあいない!
しかしこの理屈はあくまで言葉としての「空《くう》」の意味を「色《しき》」につなげるための理屈でしかないものだ言葉の観念だけの世界だ
ケチロン
コテカン

空《くう》の観念は
頭の遊戯だ。
空《くう》の実感は
生命の実相だ。

空《くう》の実感がないから
空《くう》を言葉の意味で
判断してしまう。
そこに空《くう》のとらえ方の
脱線がある。
その脱線の延長線で
いかに理屈をつけても
それはあくまで
屁理屈でしかない!
脱線はどこまで行っても
脱線のままだ。

結局、お経の意味も
部分部分で分っても
全体的に訳の分らぬ
ものになってしまう。

観
念
遊
戯

生命の実相
実感

生命の実感
（空の次元）
空
文字の観念
（色の世界）
存在の根源の実感。
生命現象の神秘の
実相の感応！
とにかく
な〜〜んにも
なしの
からっぽ〜〜
このように空《くう》を
瞑想《めいそう》の中から実感として
とらえるのと空《くう》を言葉の
観念の中でとらえるのでは
色即是空《しきそくぜくう》の意味ががらりと
違ったものになってしまう
色即是空　空即是色
物質的現象は根源的な
法則性で成り立っている。
根源的な法則性のあらわれ
そして物質的現象がある。
空の実感
物質的現象とは
何もない状態だ。
何もない状態が即ち
物質的現象だ。
空という
文字の観念

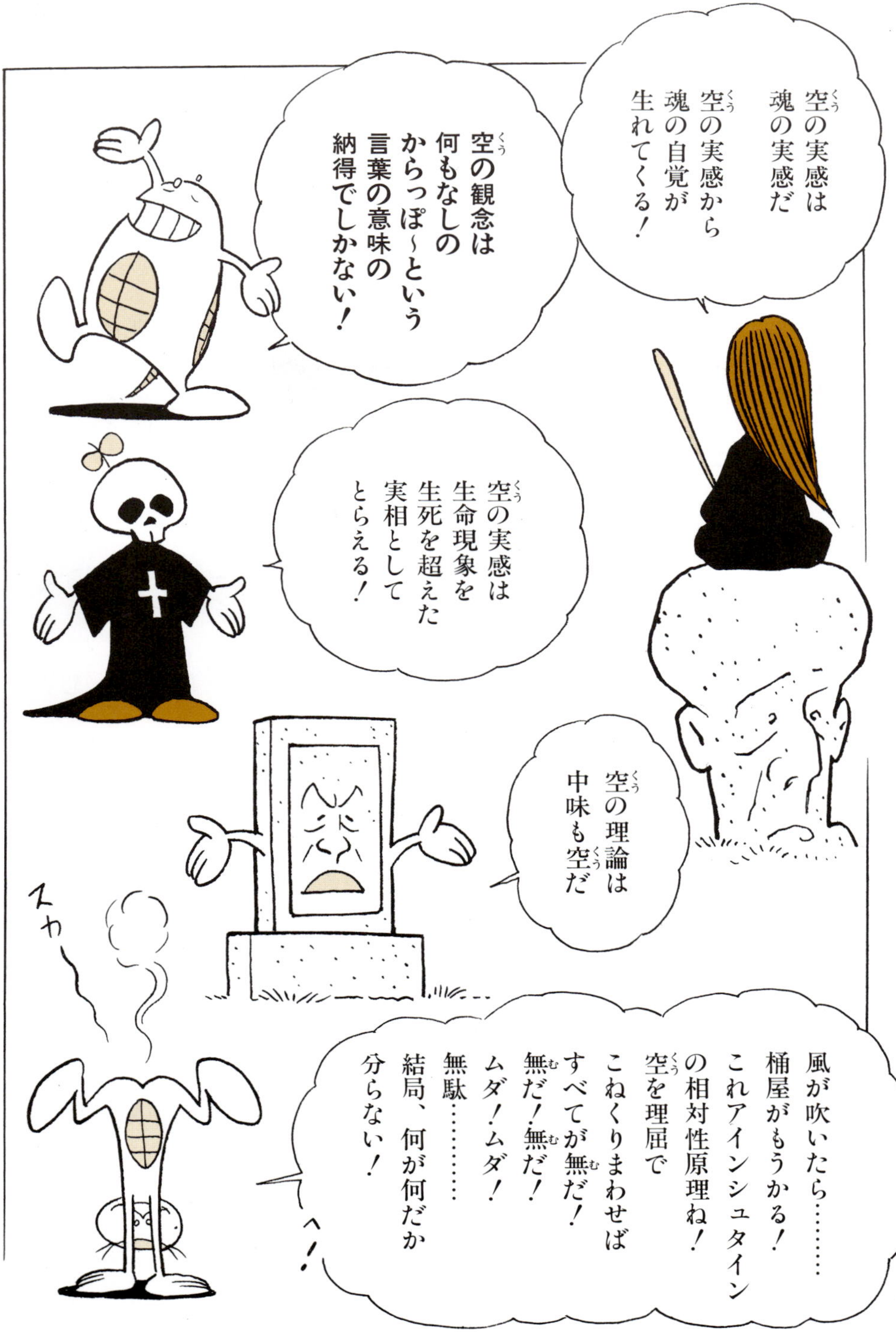

空《くう》の実感は魂の実感だ空《くう》の実感から魂の自覚が生れてくる！

空《くう》の観念は何もなしのからっぽ～という言葉の意味の納得でしかない！

空《くう》の実感は生命現象を超えた実相としてとらえる！

空《くう》の理論は中味も空《くう》だ
風が吹いたら……桶屋がもうかる！これアインシュタインの相対性原理ね！空《くう》を理屈でこねくりまわせばすべてが無《む》だ！無《む》だ！無《む》だ！ムダ！ムダ！無駄………結局、何が何だか分らない！

スカ～

ヘ！

昔から
般若心経《はんにゃしんぎょう》を
解説した本が
数え切れない程
多く世の中に
出ている。
般若心経
カイセツ
にもかかわらず
読んだ人に
聞いてみると
まず
ほとんどの人が
読むには読んだ
が、結局
何のことだか
よく分らんと
いう………
チンプンカンプン
空
怪説
人の心を救う目的で
書かれたお経が
ほとんどの人に
分らんのでは何の
役にも立たんでは
ないか！
わっかからねえよ〜っ
すくわれないよ〜〜っ
なぜ
そういうことに
なるのか!?
つまり
最も肝心な
「空《くう》」のとらえかたが
ずっこけているからだ！
空《くう》の実感で空《くう》をとらえず
空《くう》の文字の意味の方に
目がいってしまうところに
空《くう》の脱線があり
そこから全体が訳分らん
解釈になっているのだ！
コツ

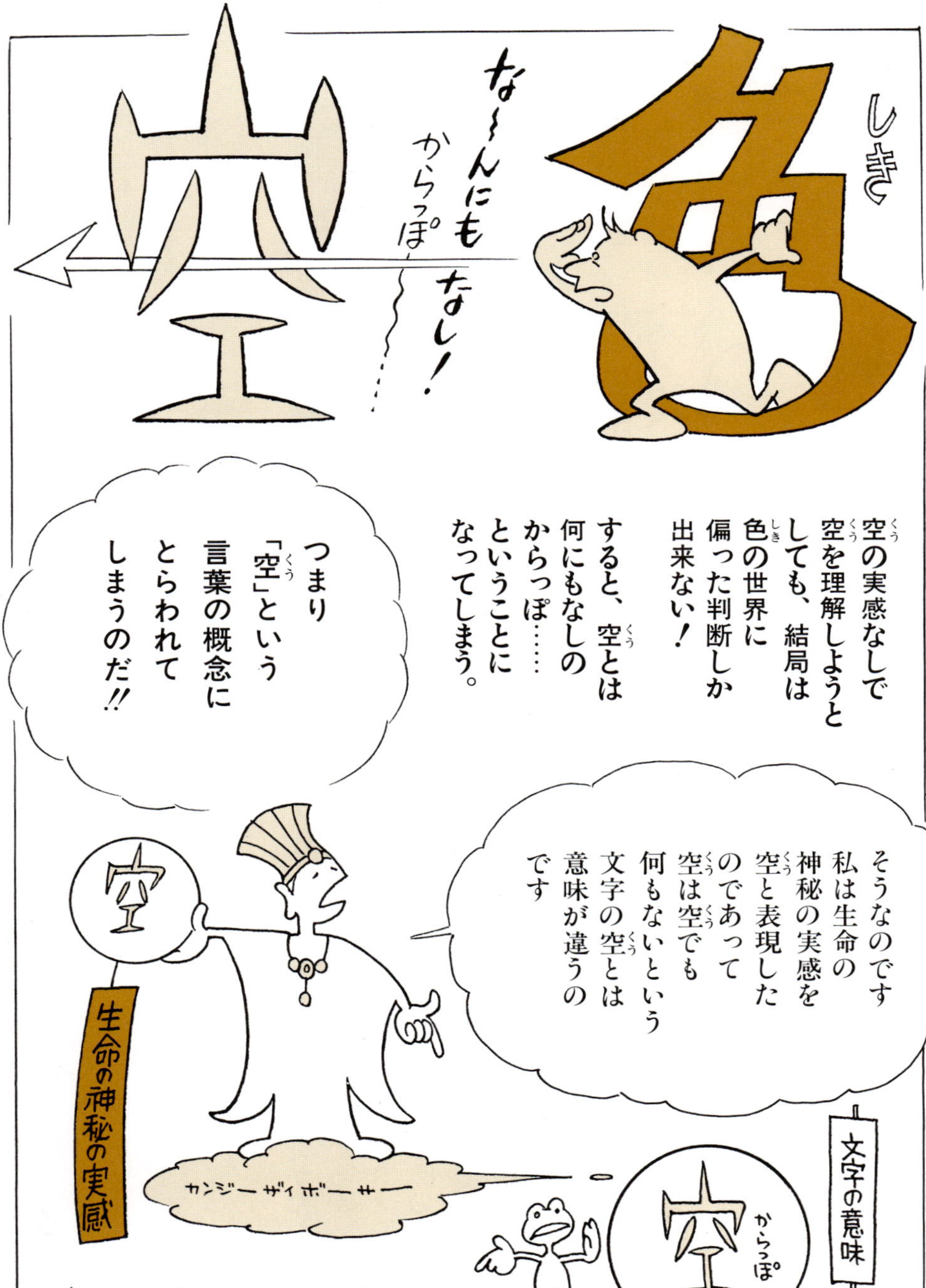

色《しき》
空
な〜んにも《からっぽ》なし!
空《くう》の実感なしで空《くう》を理解しようとしても、結局は色《しき》の世界に偏った判断しか出来ない!
すると、空《くう》とは何にもなしのからっぽ……ということになってしまう。
つまり「空《くう》」という言葉の概念にとらわれてしまうのだ!!
そうなのです 私は生命の神秘の実感を空《くう》と表現したのであって空《くう》は空《くう》でも何もないという文字の空《くう》とは意味が違うのです
空
生命の神秘の実感
カンジーザイボーサー
文字の意味
空
からっぽ
空であって空でないもの……空という文字

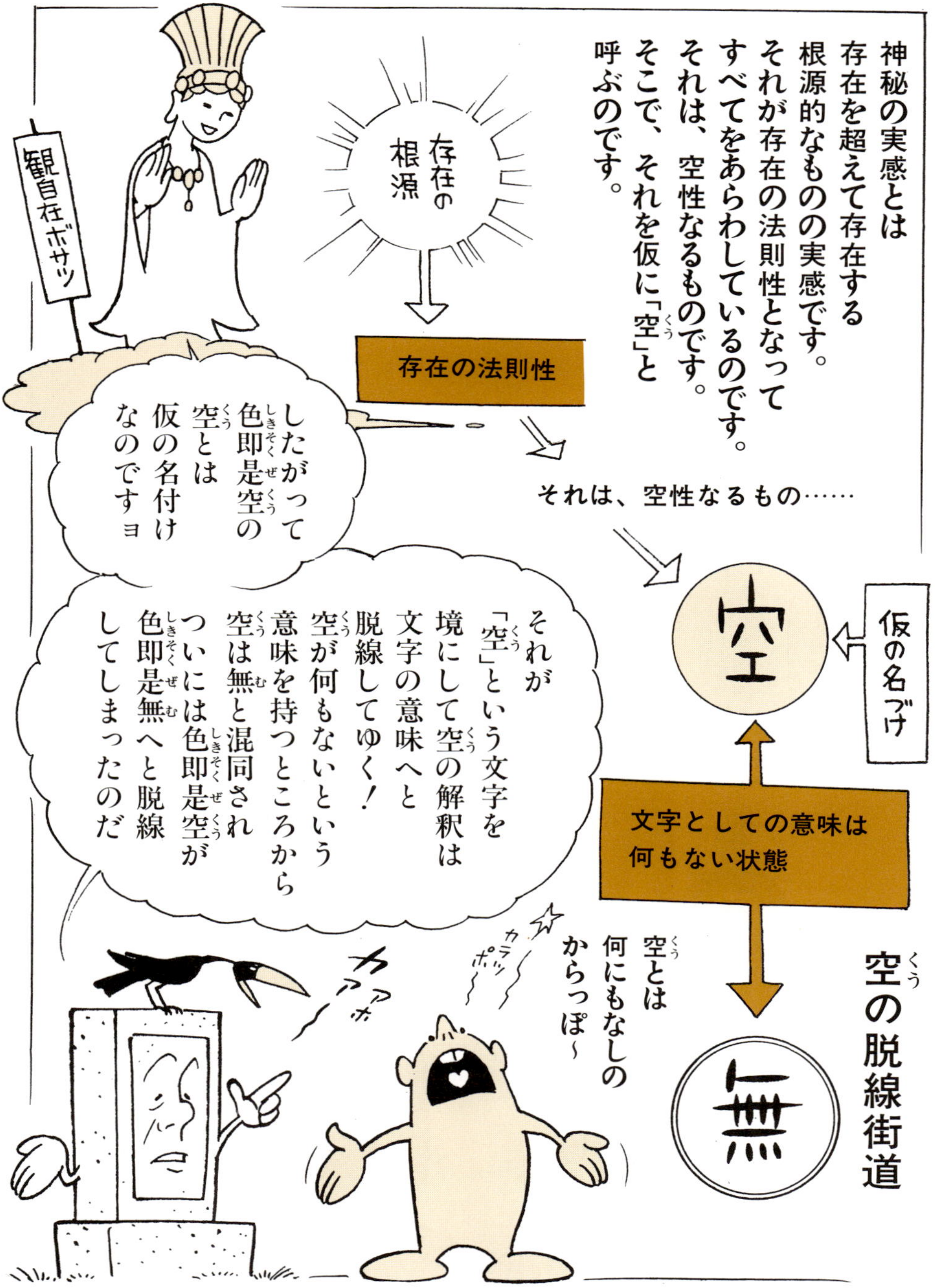
神秘の実感とは存在を超えて存在する根源的なものの実感です。それが存在の法則性となってすべてをあらわしているのです。それは、空性なるものです。そこで、それを仮に「空《くう》」と呼ぶのです。
存在の根源
存在の法則性
それは、空性なるもの……
観自在ボサツ
したがって色即是空《しきそくぜくう》の空《くう》とは仮の名付けなのですョ
空
仮の名づけ
文字としての意味は何もない状態
無
空《くう》の脱線街道
それが「空《くう》」という文字を境にして空《くう》の解釈は文字の意味へと脱線してゆく！空《くう》が何もないという意味を持つところから空《くう》は無《む》と混同されついには色即是空《しきそくぜくう》が色即是無《しきそくぜむ》へと脱線してしまったのだ
空《くう》とは何にもなしのからっぽ〜
カラッポッ〜
カァカァ〜

空《くう》と無《む》をごっちゃにしてはダメなのだァ！
般若心経《はんにゃしんぎょう》を訳分らんものにしているのは空《くう》と無《む》を混同したところから解釈する脱線のせいなのだ
そもそも「空《くう》」なる次元を色の世界でのある、なし・・・の概念につなげようとすることが根本的に間の抜けた脱線だ!!
空と海をごっちゃにするな！
空とは無……海と川をごっちゃにするな！
空《くう》とは「実体のない存在」ではあっても「存在の無《む》」ではない！
ダンゲン
コツ
ドクゼツ

何より大切なことは「空《くう》」なるものを理解することによって人が生きる上でのさまざまな苦悩を解決出来なければならないということです!!
ボサ〜〜ッとしてられないボサッ

★観念の空《くう》と実感の空《くう》

そうだ!! 空《くう》を頭だけで理解したって実際に生きる上で役に立たなきゃな〜〜んにもならない!
オレもすくわれたいよ〜〜ッ
わたしゃ何の苦労もござんせんョこの世は天ご空《くう》〜〜♪
ズズズ----

すべてが「空《くう》」だと悟れればあらゆる悩みから解放されるって書いてあるよ
その通り！だからこそ「空《くう》」をどうとらえるかが大切なこととなるのだ
空
実感の空《くう》と観念の空《くう》ではそこに大きな違いがあらわれる
色即是空
空即是色
まずは観念の空《くう》で生命現象の実体はなし！と納得したとして……
はたしてこれで生きる上での苦脳が解決されるだろうか……？
物質的現象とは実体のないものである実体のないところに物質的現象があらわれる
あるのにないとどうして思えるっちゅうの!!
バカニスンナ!!
あ〜した天気にな〜〜れ！

たとえば
どうしようもなく
苦しみの伴う病気に
なったとする。
カンノン
う〜〜
ぐるじい！
ひ〜〜い
ギリじい！
死ぬ〜！
死ぬ〜！
あんた！
苦しんでらはるけど
あんたの肉体は
もともと実体がないの
ですよ！空《くう》ですよ！
実体がないんだから
苦しいと思うのも
気のせいなんすよ！
ジュー厄さま
けろ！
は〜〜
そうなのお？
いやあ………
そいつは
知らなかった
俺って昔から
そそっかしくって
ねえ………
ははは…
いやはや…
悟った悟った！
スタコラ
サッサ
こういう
人が
現実に
どこかに
いるか？
いる訳
ないね

いかに自分には実体がないんだと思い込んだとしても………
はあ〜〜 俺にゃ実体がないんだから痛いはずがないよ！
オヤジタタキ
へへ、のんきだね〜〜
おやじ
……という訳にはゆかんのだ
不渡りだーっ 実体がないのだーっ 破産だーっ 気のせいなのだーっ 気にしないのだーっ
ひ〜〜 ひ〜〜っ たすけてくれ〜〜〜っ
のたれ死に
ク〜
胃袋も空《くう》〜〜 生命も空《くう》〜〜〜 気にしない気にしない
カックン！

金には実体はない……強盗にも実体はないみんなみんな幻のようなものよ空《くう》だ空《くう》だ！へへへ
そうよそうよ気にしない気にしない
毎度あり〜
強盗もクウためだ
こういうことが現実の中ではたして出来るか！
できないよ〜〜っ死んだ方がえ〜〜よ〜〜死にたくないよ〜〜っ
ダ蛇
それが出来てこそ悟りといえる！
コテカーン
悟りとはボン人には出来んことなのだ！
うん！
ばっかたれがーっ!! そんなもんが悟りと何の関係があるっちゅうんじゃっ

でも
すべてのものには
実体というものがない
という実感を
本当に！正真正銘！
心のシンから
持てたとしたら………
何にも、こだわらなく
なるし、悩みなんて
なくなってしまうんじゃ
ないのかなあ
さてね……
コテカン
コテカン
そうだ！
そうだ！
それこそが
悟りの境地！
お釈迦様の
境地だ！
はたして
そういうことが
人間に
可能かね？
コテカントロプス
ズッテン
ドリーッ
お釈迦様が
そうだった！
すべてを
悟った
えら〜〜い
聖者達は
みんな
そうだった！
いいや！
人間として
生きている限り
それは絶対に
不可能な
ことだ!!
そうだろうなあ…

何をいうか！お釈迦様は悟られた人なんだぞっ！
たしかにお釈迦様は悟られた人だ ただしお釈迦様の悟りとは脱線した空《くう》の観念の悟りじゃない
空《くう》の実感による生死を超えた生命現象の根源の実相だ！生命現象の法則性だ！
あ〜あ・・・
ケチロン
どうして実体がないという実感を持つことは不可能なことなの？
何より、まず我々の生命の仕組みがそのようには出来ていない！
生・き・て・い・る・以上実感というのは実体の上に成り立っているものだからだ
その他 オーゼー
理屈のみで実体がないなどと思い込もうとしたところでそう思う意識と共に実体があり実感がある！

脱線した空《くう》の屁理屈によると
すべてのものに永遠性がない。
だから、実体とはいえない。
実体のないところに、痛みや
苦しみがあるはずはない。
それ等は、みんな夢か幻の
ようなものだ……という。
このような屁理屈を納得したところで現実の苦しみや痛みが消える訳がない!!
ダンゼン
ゴチン
風が吹いたら桶屋がもうかる……桶屋が吹いたら風がもうかる……これ、アインシュタインの相対性原理！
くだらんジョークを何度もいうな！
スパパン！
永遠性があろうとなかろうと
実体といえるものがあろうとなかろうと
この一瞬一瞬の実感は
否応なしの現実だ！
苦しいのも現実の実感！
痛いのも現実の実感！
これは生きている限り
消しようのない事実だ！

脱線した空《くう》の観念からひねり出された理論はすべて屁理屈！脱線の延長でしかない。こうして現実に生きる上での苦しみや痛みの実感を、屁理屈の観念で消せるものではない。
結局、空《くう》を観念の中でのみ納得したところでそれが今、生きているこの現実生活の中で何ひとつ生かされはしない！ということだ。
のたまい
空《くう》を理解するには空《くう》を実感する以外に方法はないので～～～す
空《くう》を実感すれば苦しみや痛みが消えるの？
ま、残念ながら生きている限り苦しみや痛みから逃れることは無理だね
それじゃ結局救われないじゃんかよ～お
うえぇ～～っ
もう、死ぬ～～っ

まあまあ、そう嘆きなさんな空《くう》の実感の中には人生の表面的な苦しみや痛みの問題より、はるかに大きな価値が秘められているんだから………
へ〜〜え そりゃほんとかいな？
へ？
むろん、本当だとも！般若心経《はんにゃしんぎょう》として伝えられる仏の知恵もそこから生れたものだ
すべての悟りもそこから生れてくるのである！
ホットケ
まさしく空《くう》の実感は神秘の次元につながっているのです
ほえ〜
そういうもんかねえ……

空《くう》の実感から生れる価値は脱線した空《くう》が作るようなうつろなものではない……

のたまい
それは間違いなく人生の中に大きな価値となってあらわれる！そればかりか生死を超えた次元にまで無限の価値を生み続ける！

生死を超えた次元って何のこと？

すなわち人間は死んでもそれが、すべての終りではない!!ということ！

そこに生死を超えた次元の価値が問題となるのだ！

ひえ～～っ死んで終りにならないって!? じゃど～なるの!!

その他オーゼー
そ～なのお？

死んでも終りじゃないとなると……？
あの世がある……!?
来世がある……？
地獄や〜だ〜っ
生れ変わり……!?
オーゼー
冗談じゃない生き物は死んだらそれで終りに決ってるよ！あとに何があるというんだ来世なんかあるもんかっ
どうしてないといい切れるんだっ
どうしてあるといい切れるんだっ
けっ！
迷信だ！ばかばかしい迷信に決ってる！
たしかにこうした話には多くのばかげた迷信があるだが迷信で片付けられないものもある！

現に仏教には
お釈迦様の教えとして
十二因縁《じゅうにいんねん》ということが
説かれている
涅槃《ねはん》とか六道輪廻《ろくどうりんね》とか
いうことも説かれている
さらには地獄界から
如来《にょらい》に至る迄の十界
なども説かれている
それらはみんな
生死の次元を超えた
生命現象についての
教えだ
は〜
そうした世界の
詳しいことは
般若心経《はんにゃしんぎょう》の意味を
この本と共に
たどってゆく中で
理解出来てゆく
ことだろう
生死を超えた
次元のことについて
迷信として
そっぽを向くか
生命現象の実相と
してとらえるかは
そうしたことを
知ったあとで
各自が判断
すればいい
のたまい
そ〜だ
そ〜だ
と云いました
ケキロン
真理のかげに
迷信あり……
迷信のうらに
真理あり……

空《くう》の実感によってあらわれる価値ってどんな価値なの？
前にもいったように空《くう》の実感によって生れるものが般若《はんにゃ》の知恵だ
般若《はんにゃ》の知恵とは知識じゃない生命の根源から湧き出る感性だ
その感性によって知識では決して知ることの出来ない生命現象の実相を知る働きが自然に生命の中に生れてくる
シリタガリ
観自在菩薩《かんじざいぼさつ》
行深般若波羅蜜多時《ぎょうじんはんにゃはらみったじ》
照見五蘊皆空《しょうけんごうんかいくう》
そして
色即是空《しきそくぜくう》
空即是色《くうそくぜしき》……
すなわち観自在菩薩《かんじざいぼさつ》は瞑想《めいそう》による空《くう》の実感から色即是空《しきそくぜくう》と表現された！
空即是色《くうそくぜしき》とは生死を超えた生命現象の表現なのだ。
色即是空
空即是色
観自在ボサツ
ケチロン

生と死を超えた
生命現象の実相とは………
生と死をめぐる
輪廻《りんね》の正体とは………
運命と宿命の成り立ち
さらにカルマとは………

そうした根源的な問題が
「色即是空《しきそくぜくう》」という言葉に
秘められている!!

我々は、それを理解
することによって、さらに
そこから生まれる知恵を
人生の中に生かすことが
出来る!
そこに、無明《むみょう》さゆえに
わざわざ自ら作り出す
不幸から自分を救う
ことが出来る!

千手観音
994本腕省略
度一切苦厄
ぽけ〜
無明《むみょう》とは知恵の光のない状態?
一口にいやあアホのことほっとけ
ドクゼツ
空《くう》を実感すれば空《くう》が何にもなしのカラッポなどという脱線した解釈には決してならない!

無明《むみょう》さゆえに
「色即是空《しきそくぜくう》」の
理解の脱線が起る!
脱線した色即是空《しきそくぜくう》で
説明されることといえば
ある(色《しき》)ものが
ない(空《くう》)ものという
言葉の矛盾を理屈で
矛盾でないものに
するだけのこと!

それを納得したところで
人生の中に何の価値も
あらわさない!!

空《くう》とは何にもなしのからっぽ～色《しき》といってもからっぽ～だから色即是空《しきそくぜくう》空即是色《くうそくぜしき》
スカ～
もういいから訳分らんこといわんでくれ
ホットケ
キベン
アキレガエル
ホットケ
空《くう》の観念が根本的なところで脱線しているからお経の意味が全体的に訳分らんものになるんだ
その訳分らんものを無理して分ろうとするところに又々屁理屈が生れ出る
それが分ることが悟りだなんて!!むちゃくちゃいうよ!!お釈迦様が聞いたら泣くよ!ホント……
お釈迦様が人々を救うために誰にも理解出来ないことを教えるはずがないのです!
ケチロン
カンノン

カンノンちゃま！今のお言葉を声を大にしてもうひと声………
お釈迦様が訳の分らんことをおっしゃるはずはないのですョ
まさしくまさしく………
NHK
結局お釈迦様の心の分らん人が勝手に自分なりの理屈をこねくりまわして空《くう》の意味を訳分らんものにしてしまっただけのことだ

★空《くう》と般若波羅蜜多《はんにゃはらみた》

空《くう》を
実感すると
どうして
般若《はんにゃ》の知恵が
生れるの？
どして
？
どお
してえ？
ど〜お
して
〜え？

「空《くう》」の実感の中から
生れ出るもの………
それは生命の根源から
湧き出ずる知恵！
すなわち般若《はんにゃ》の知恵。

空
ハンニヤ
ヒトリヨガリ
そ！

空《くう》の瞑想《めいそう》によって
根源的な生命の働きが
脳の中に自動的に起る！
それは「空《くう》」なる次元に
感応する感性を目覚めさせ
そこから生命の実相を知る
知恵が生れてくる。
それが般若波羅蜜多《はんにゃはらみた》だ。
「空《くう》」なる次元は
般若波羅蜜多《はんにゃはらみた》によってのみ
理解されるものなのだ。

とても信じられないね！瞑想《めいそう》するだけで生命の実相を知る感性が自動的に生まれてくるなんて……

俺にいわせりゃ科学で証明されるもの以外は、み〜〜〜んな迷信だ!!

迷信を信ずる奴はアホだ！バカだ！そいつの頭は原始人だ!!

NO〜

ドクゼツ
科学迷信
知識バカ
しかし生命の神秘について今の科学で究明されていることなんてほとんどゼロにも等しいように思うんですが……

アホめが！生命現象は、今や科学のメスがその謎を次々と明らかにしつつある！

遺伝子という生命の究極的なものの解明によって生命現象はもはや神秘の世界ではなくなったのだ！

それこそ人間の思い上りというものだ。遺伝子の発見とかタンパク質合成の解明とか、それらはたしかに生命現象の基本的な事実には違いないがそれは、あくまで生命現象の実況報告のようなものであって、なぜ、そうした事実がそこにあるのかという根源的なことは何ひとつ説明され得ない！

ケチロン

科学の力で
光の色はそれぞれ
電磁波の波長の
違いだという
ことは分った。

赤い光の
波長は長く
青い光の
波長は短い。

しかし！なぜ
波長の違いが
赤となり
青となるのか
……となると
これは誰にも
答えられない。
その前に
電磁波がなぜ
存在するのか
さえ分らない。

青い光
赤い光

生きているものは、みんな
生命を持っている。そこで
生命とはどんなものかと
メスを使って生命体を
ばらばらに解剖して
生命を探したとしても
生命を取り出すことは
決して出来ない
生命は「空《くう》」なるもの。
科学はメスのようなもの。
科学がいかに進んでも
解明出来るものは
あくまで「色《しき》」の世界
のことに限られる。

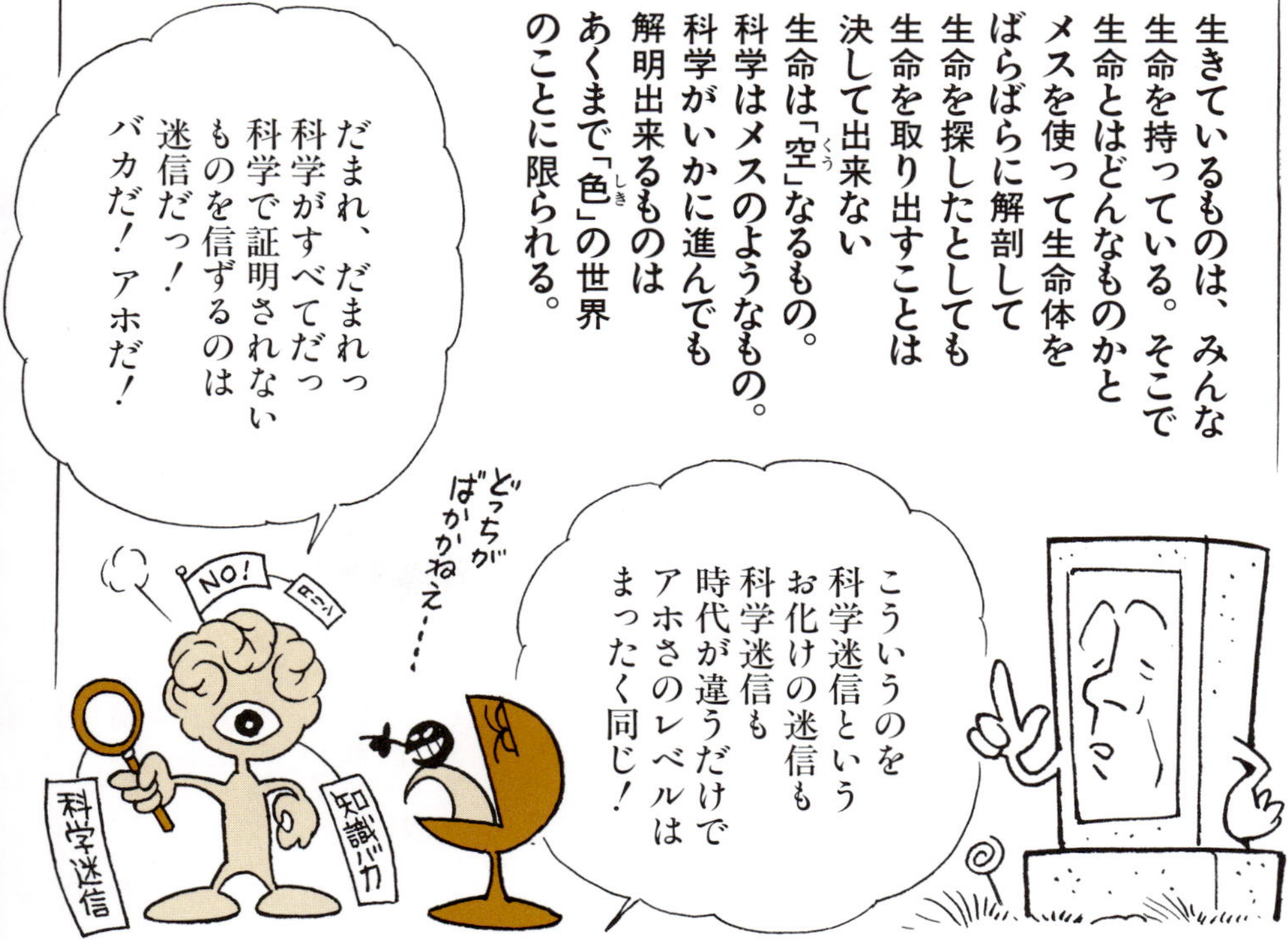
こういうのを
科学迷信という
お化けの迷信も
科学迷信も
時代が違うだけで
アホさのレベルは
まったく同じ！
どっちがばかかねえ……
だまれ、だまれっ
科学がすべてだっ
科学で証明されない
ものを信ずるのは
迷信だっ！
バカだ！アホだ！
NO!
知識バカ
科学迷信

ここで再び ノタマイ いわく……
のたまい
真理の かげに 迷信あり …… 迷信の うらに 真理あり ……
要するに 真理と迷信を 明らかに区別 出来る理性を 各自が持てなきゃ いけんのよ！
それが 出来てないから 宗教や信仰から 妙な迷信が生れ けったいなものへ 脱線していくんだ からね！
ねえ！ ねえ！ ねえ！
そんなことより 空《くう》を実感すると どうして般若《はんにゃ》の 知恵が生れて くるのか 教えてよ!!
アイシテーン 博士！ このことに ついて一言!!
NHK
またかね！
うららら〜 うららら〜 春うらら〜〜
ズズズ・・・

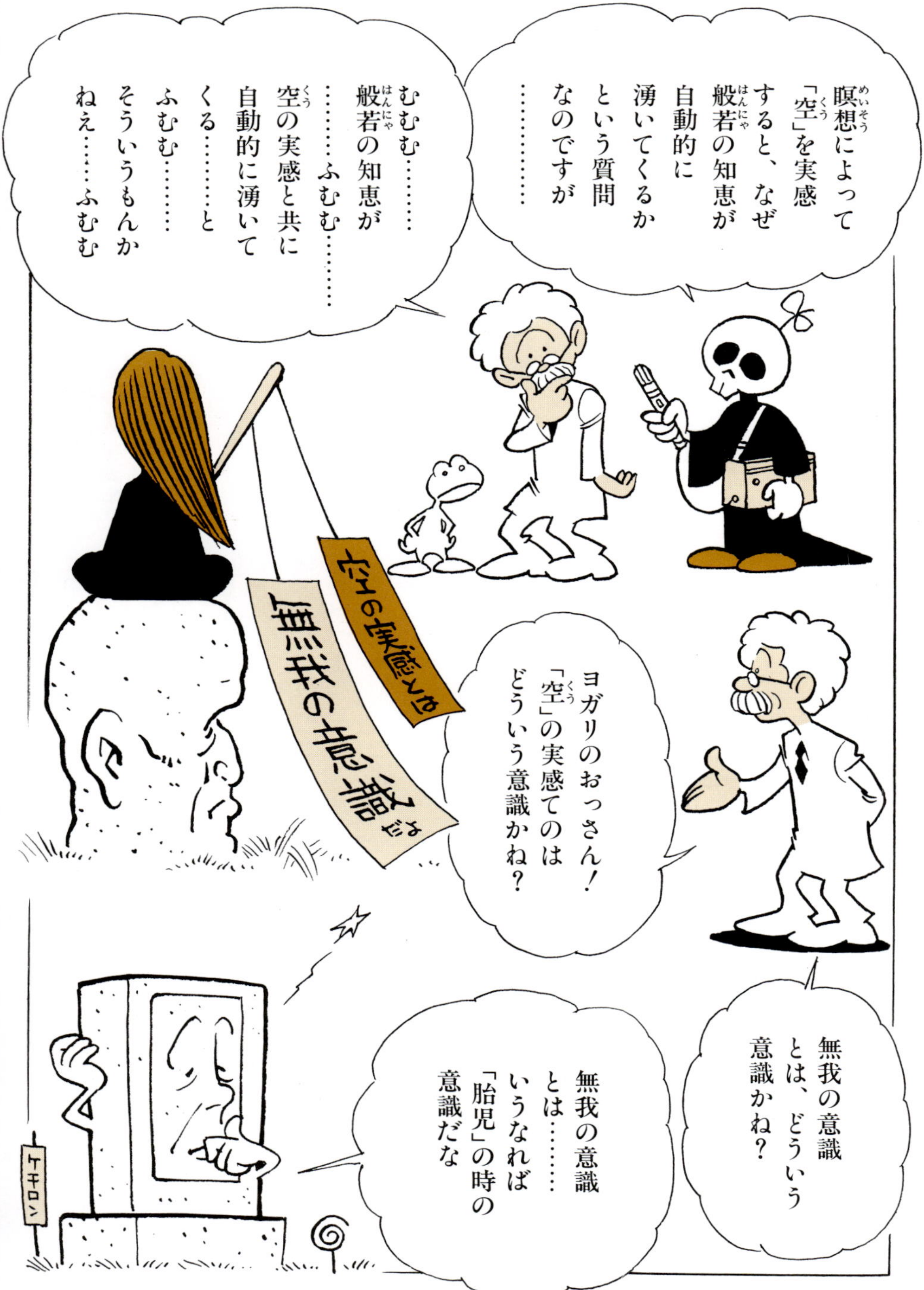

瞑想《めいそう》によって「空《くう》」を実感すると、なぜ般若《はんにゃ》の知恵が自動的に湧いてくるかという質問なのですが…………
むむむ………般若《はんにゃ》の知恵が………ふむむ………空《くう》の実感と共に自動的に湧いてくる………とふむむ………そういうもんかねえ……ふむむ
空の実感とは
無我の意識だよ
ヨガリのおっさん！「空《くう》」の実感てのはどういう意識かね？
ケモロン
無我の意識とは、どういう意識かね？
無我の意識とは……いうなれば「胎児」の時の意識だな

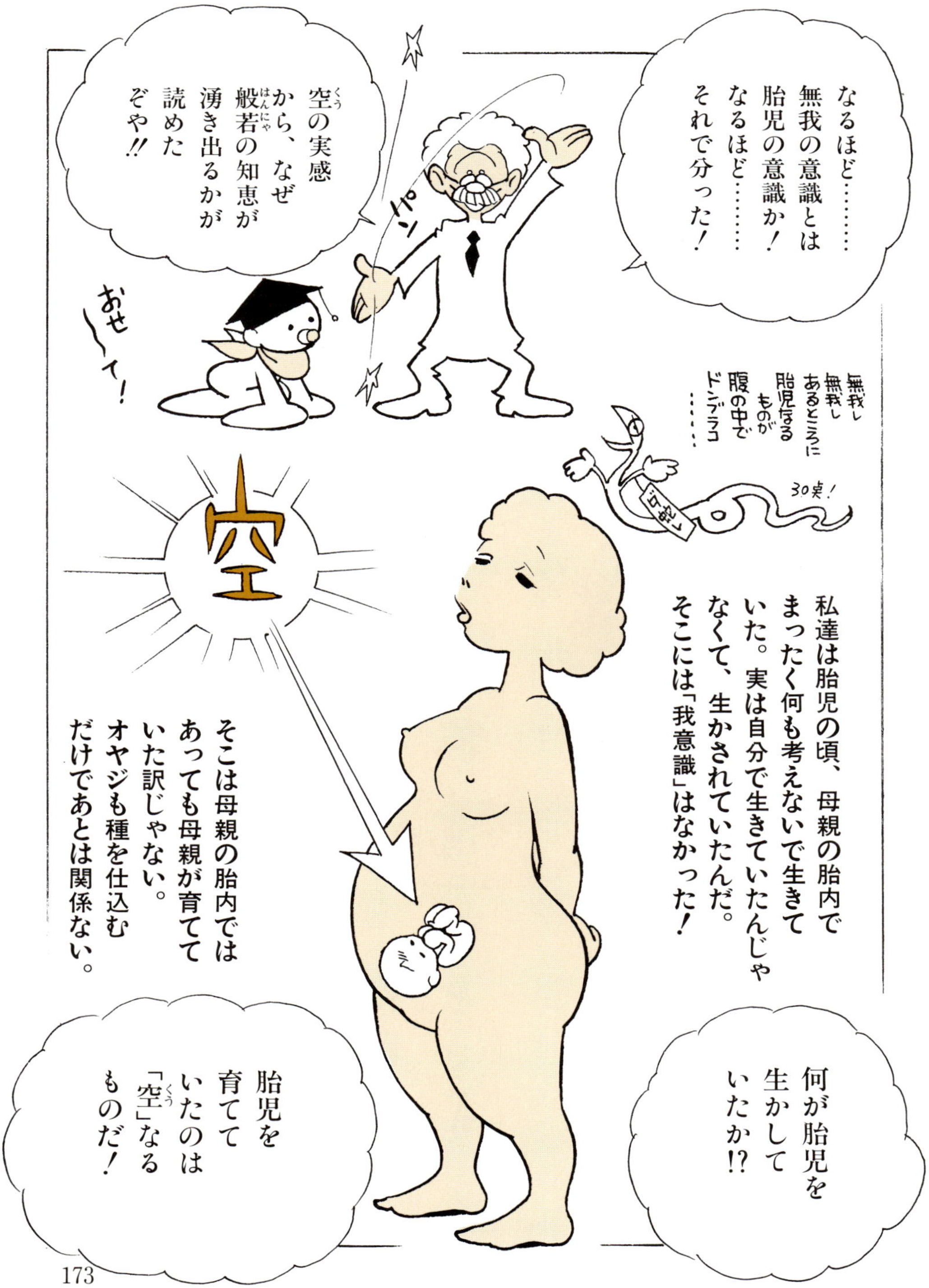
なるほど………無我の意識とは胎児の意識か!なるほど………それで分った!

空《くう》の実感から、なぜ般若《はんにゃ》の知恵が湧き出るかが読めたぞや!!

パン
おせ〜て!

無我し無我しあるところに胎児なるものが腹の中でドンブラコ……

30点!

空
私達は胎児の頃、母親の胎内でまったく何も考えないで生きていた。実は自分で生きていたんじゃなくて、生かされていたんだ。そこには「我意識」はなかった!

そこは母親の胎内ではあっても母親が育てていた訳じゃない。オヤジも種を仕込むだけであとは関係ない。

何が胎児を生かしていたか!?

胎児を育てていたのは「空《くう》」なるものだ!

「空《くう》」なるものが
胎児の「無我」の
生命とつながり
これを守り、育て
やがて胎児は
この世に生れ出る！
のたまい
ここにおいての
「空《くう》」なるもの！
それは
生命の根源！
つまり神とも
いえるし
仏ともいえる
生命の根源とは
生命の法則！
すなわち
生命条件の
正しさ！
子宮
スポン!!
苦
いて!!
この世！
だが、人間は
生れてからのち
それぞれに
我意識を持ち
始める。
この「我意識」
なるものは一体
どこから生れて
くるのか!?
その出発点は
生命の「苦」だ!!
人間は生命の「苦」を
体験すると共に
そこから「我意識」を
作り出していく!!

振り返って胎児は
母胎の中では
生命の根源的な力に
守られていた。
そこには、ほとんど
「苦」がなかった。
だから「我意識」も
なかった。

だが胎児が
おぎゃあ!と
生れたその瞬間から
無数の「苦」が待ち
うけている!

その「苦」と共に
我意識が目覚め
「苦」の体験の中で
我意識も育ってゆく。

我意識……エゴ!!
何てったって人間程
強烈でゆがんだ
エゴを持つ生き物
はほかにない!
ポカーン!
ええ子が
ゆがめば
エーゴになる
エゴになる!
Z点!
ダ蛇レ

ふぎゃーっ
ふぎゃーっ
ふぎゃーっ

そして、この
ゆがんだエゴが
常に問題を引き
起す!!
ゆがんだエゴ……
それは我意識が
生命の「苦」に
さらされ、ゆがめ
られたものだ。

生命にとっての正しさとは
つまり生命の条件であり
それが生命の法則だ。
あらゆる生命はそれぞれ
生命法則と一致している時
正しくあり、一致しない時
生命の条件は崩れ出す。

生命の条件が崩れようとする時
生命が感応するもの！それが「苦」だ!!
生命が生命にとって正しくない状態にと
追い込まれた時、それに反応して生まれる
感覚が「苦」の意識だ。
そして、それが限界を割る時、その生命
は滅び去る……すなわち死だ！

しかし生命には、生きようとする根源的な働きが常にある！そこに「我意識」なるものが生れてくる。我意識も生きようとする生命の働きだ。だが、その出発点は「苦」という正しくないものから生れている。

「苦」は破壊のエネルギーだ。生命に生じた苦が中和されない時「苦」は怒りの意識に転じ何かを破壊する！

怒りのエネルギーが外に向えば他の生命を破壊する！他の人の心を破壊する！他の人との愛を破壊する！

怒りのエネルギーが
外に発散されず
内側にとどまると………
自分の心を破壊する！
自分の身体を破壊する！
自分の生命を破壊する！

まじめに生きて何になる！
（こわれた心）
ひねくれ心
けっ！

生きたくないよ～
死にたくないよ～
ノイローゼ

あっちがいた～い
こっちの具合わる～い
薬くれ～～っ
ついにはダウン！
身体の故障と病気

死ぬのがイチバン！
自殺

「苦」がいったん
怒りに変われば
そのエネルギーは
何かを破壊せずには
収まらないという
恐ろしいものなのだ。

人間を不幸にする三大悪は怒りとむさぼりと愚かさ！
怒りも、「我意識」貪りもそのものだ！
欲
その三悪が自分を不幸にしている事実に気付けないのが愚かさだ！
ぱ
怒
愚
むさぼり
我
つまりエゴとは三悪（三役）のそろい踏みみたいなものだね
運命の不幸場所～

特に「怒り」は
自分の運命を
決定的に悪くする！
人間は怒った分だけ
間違いなく
不幸になる！

怒りと不幸は
絶対の法則性で
つながっている‼

そこに気付かず
心のままに怒り
狂うのは愚かさ
そのものだ！
怒りの中には
愚かさも
貪りに
含まれて
いるのだ。

したがって、怒りから生れた
「我意識」は、それが必要
以上に働くところには常に
愚かさがあり、貪りがあり
怒りがついてまわる。

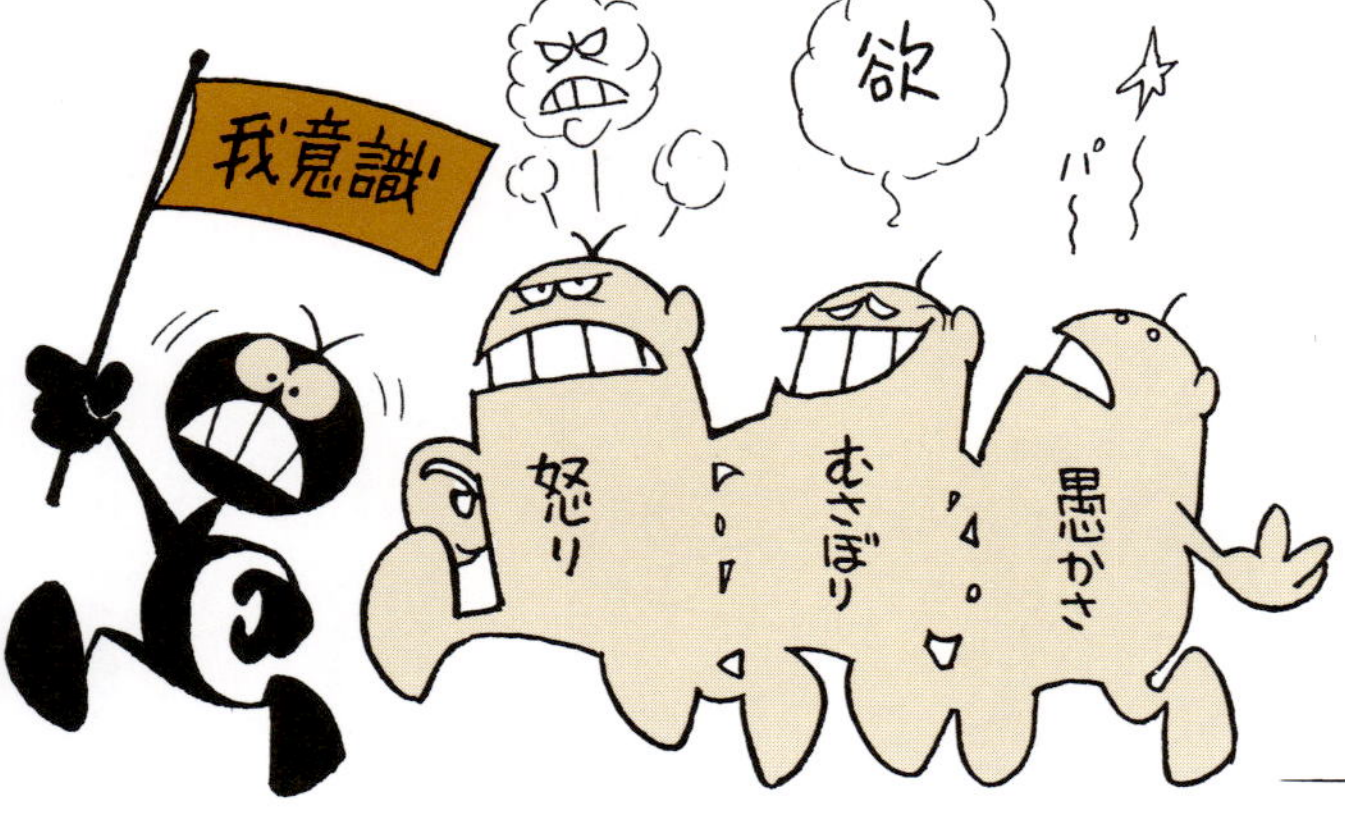

旧約聖書の中に
イブとアダムが
ヘビにそそのかされて
「知恵の木の実」を食べ
神の怒りにふれるという
くだりがある。
そこにも秘められた
深い意味がある。
ヘビは悪知恵を象徴する。
イブとアダムが「知恵の
木の実」から得た知恵とは
悪知恵のことだ。
それは生命の法則に反した
ところに生れるゆがんだ知恵だ。
それが「我意識」とつらなって
エゴを育てる悪知恵だ。
生命の法則とは「神」。
すなわちエゴと悪知恵は
生命の法則に反したもので
あるがゆえに神の怒りに
ふれるもので
ある訳だ。

つまり人類の不幸の出発点はエゴを価値感の中心においてしまったところから始まっているのだよ
そこから延々と争いの歴史が今に至るまで続いている!
アホだね〜 いやだね〜 かなしいね〜
チョーライ チョーライ
イブ
唖駄無
アダム

このように
母親の胎内において
生命の条件、つまり
正しさと共にあった生命も
外の世界に出ると共に
さまざまな「苦」を味わい
怒りと共に心を傷つけ
そこに戦う心が生れてくる。
すなわちエゴという我意識
が生れてくる。

我意識
エーGO！

色《しき》
受《じゅ》
想《そう》
行《ぎょう》
識《しき》
五蘊《ごうん》
その我意識のうちわけが五蘊《ごうん》の中の「色《しき》」を抜いた受想行識《じゅそうぎょうしき》だ

受想行識
亦復如是

苦楽の感受も
感覚に応ずる想念も
行動につながる意志
や衝動も、それらを
総合した認識や知識
も、すべてが「空《くう》」なる
次元の根源的なもの
のあらわれである！

★受想行識《じゅそうぎょうしき》とエゴ

「受想行識《じゅそうぎょうしき》」は生命の意識と精神作用のこと。心の動き全体のこと。———そして心の舞台となるのが「色《しき》」、つまり肉体だ。

その肉体が色即是空《しきそくぜくう》……すなわち「空《くう》」なる次元の根源的なもののあらわれとなって母体の胎内においてその生命を形成し始める!

生命の根源

そこにおいて生命はただ根源的なるものからの働きかけを受けるのみ!すなわちそれが意識の「受《じゅ》」の状態。

やがて、おぎゃあ〜〜〜と生れる時に「苦」を味わう!介抱されて「快」を味わう!新しい生命は、さまざまな苦楽を体験する。その苦楽と共に、感覚に結びつけたイメージを持ち始める。すなわちそれが意識の「想《そう》」の段階。

そこから生命は
他と自分とを分ける
意識を持ち始める
自我が形成されてゆく。
そして自分の意志で
行動を開始する！
エゴもここから生まれる。
すなわち、それが意識の
「行《ぎょう》」の段階。

行《ぎょう》

「行《ぎょう》」と共に生命は
まわりからさまざまな
ことを知り始める。
原因と結果の関係や
善と悪の区別や判断が
つき始める。
すなわちそれが
「識《しき》」への進展。

識《しき》
なぜ？
どうして？
なんで？

こうした意識の発展段階の中に
それぞれの生命の運命が作られてゆく。
特に我意識が「苦」によってゆがめられると
その行動は本来の正しさから遠ざかり
さらに自らの「苦」を増大させ、
自分のまわりにも限りなく「苦」を生み
出してゆく！
それがゆがめられたエゴの心のたどる
運命だ。

文句あっか〜〜っ！

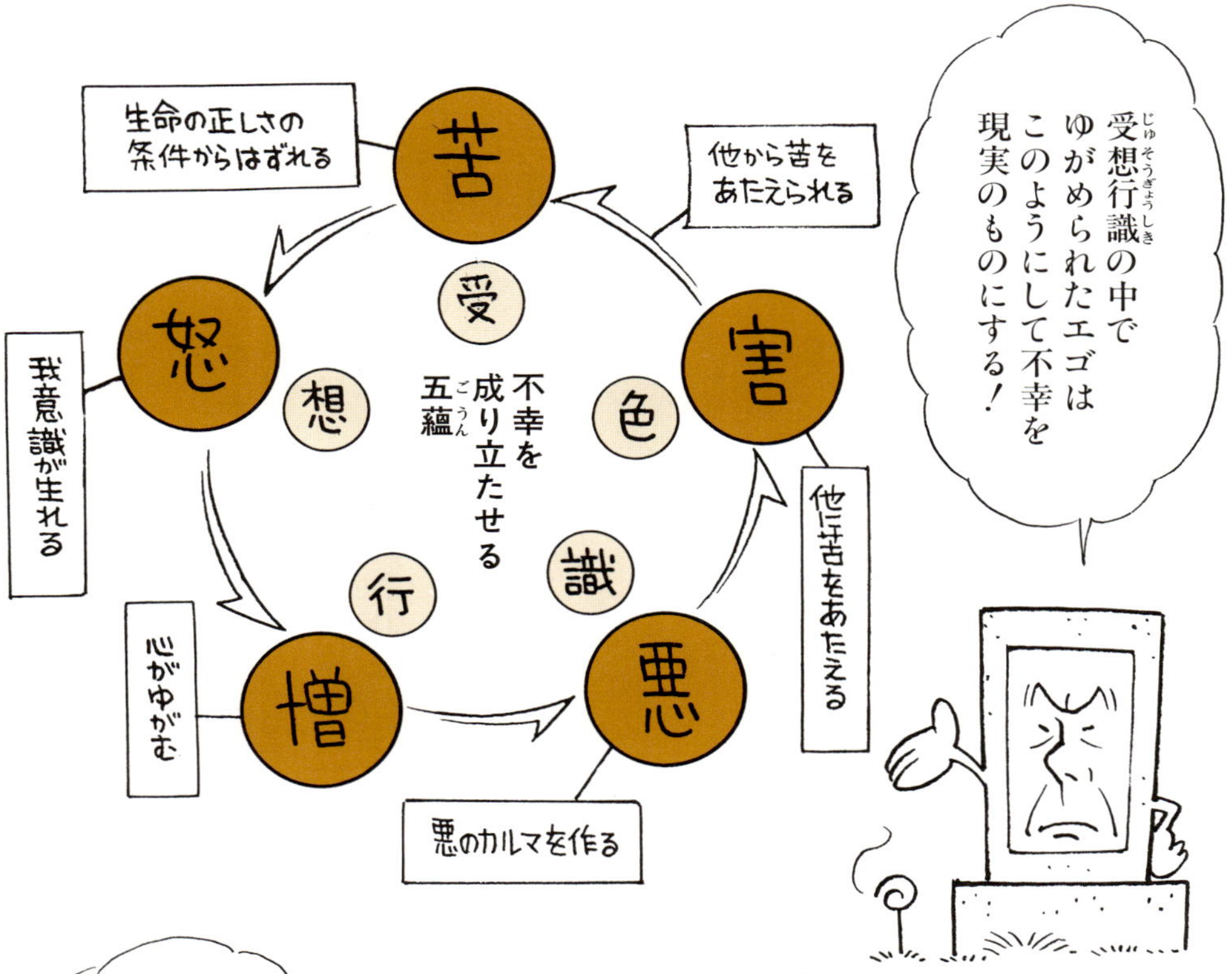
受想行識《じゅそうぎょうしき》の中で
ゆがめられたエゴは
このようにして不幸を
現実のものにする！
不幸を成り立たせる五蘊《ごうん》
苦
生命の正しさの条件からはずれる
怒
我意識が生れる
憎
心がゆがむ
悪
悪のカルマを作る
害
他に苦をあたえる
他から苦をあたえられる
受
想
行
識
色

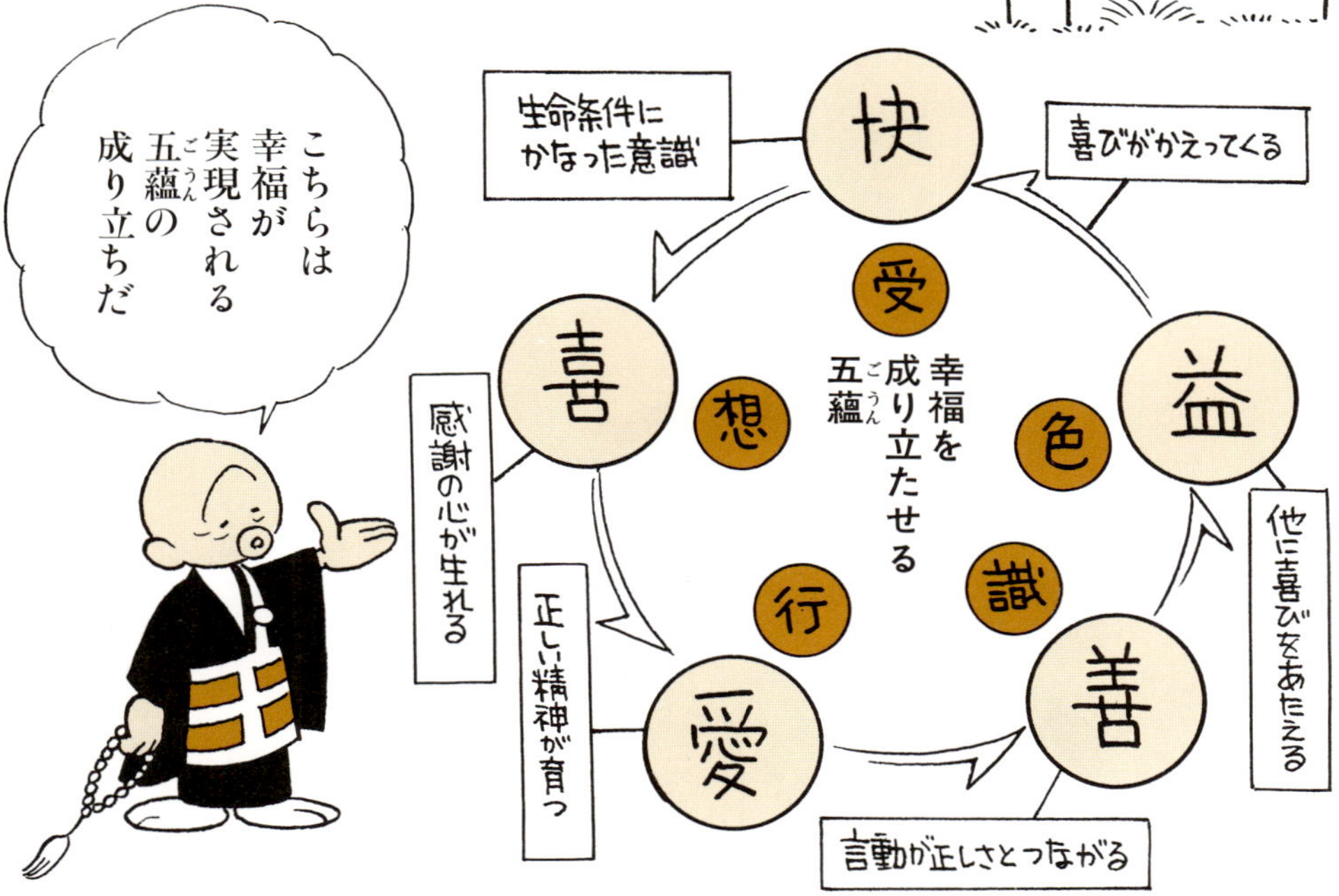
こちらは幸福が実現される五蘊《ごうん》の成り立ちだ
幸福を成り立たせる五蘊《ごうん》
快
生命条件にかなった意識
喜
感謝の心が生れる
愛
正しい精神が育つ
善
言動が正しさとつながる
益
他に喜びをあたえる
喜びがかえってくる
受
想
行
識
色

エゴとは生命が
「受想行識《じゅそうぎょうしき》」の中で
本来の正しさから
遠ざかってしまったとこ
ろに生じた人間の意識!!
生命本来の正しさ……
それは生命の法則!
それは生命の根源!!
西洋的に表現すれば
神の意志であり
東洋的にいえば
如来《にょらい》の法だ。

胎児の「無我」は
その法則と正しく
つながっていた。
如来《にょらい》の法の正しさと
共にあった。
だが我意識と共に
如来《にょらい》の法との
つながりが切れる。
我意識の働くところに
本来の正しさは
見失われてゆく。

そこで我意識は
さらに間違いを重ね
なおも大きな「苦」へと
自分の命を進めてゆく。
そして、ますます
心をゆがめ
限りない
悪循環の果てに
たどりつくところ!
それが、生と死を
超えた次元での
地獄なのだ。

我意識は醜い！
すべての人の心を
不快にしてゆく。
我意識は愚かだ！
自分の心の醜さに
気付けない。

現実の生活の中に
おいても「我」を
主張し、意地を張っ
ている時、自分の心の
愚かさと醜さを
ひたすら表現する
ばかりだ!!

そこには何の益もなく
まわりから価値あること
など、何ひとつ吸収
出来ない。

おれが！
おれこそ！
おれぞ！！
おれだ！！
オレ・オレ！
オレ！
我意識
目がさめるまで
ほっとけ・・・
バカ！
や〜な人!!

我意識は正しさを拒絶する！
正しさに対して怒りで立ち向う！
間違いを、間違いのままに
押し通す！
勝ち負けにこだわり、戦う心から
離れられない。
そのすべてが生命の正しさから
外れている。
出発点の「苦」をさらに増大
させるばかりだ。
そこに正しさ（如来《にょらい》）の力と
結びつくものなど何もない。

我意識が育つ程わがままも増える。
我意識が働く程、性格も偏る。
我意識が強い程、精神年令は幼稚だ。
そして我意識がゆがみ出せば
運命を決定的な不幸へと
傾けてゆく!!

エゴという我意識は
ガン細胞のようなものだ。
自分の存在を確立させるために
存在の条件そのものを破壊する。
そして自分も最終的に自滅する。
エゴもガン細胞も
そうした宿命を持っている。
今の人類がその傾向にある！

この我意識を一時的にせよ
押える行《ぎょう》
それが「空《くう》」の瞑想《めいそう》だ。
空《くう》の瞑想《めいそう》が実現されれば
意識は空《くう》を実感する。
空《くう》の実感とは一時的に
我意識が取り払われた
状態だ。そこには
一切の我意識が働かない。
意識はあっても生命の
もとの意識だけだ。
それは胎児が胎内にいる
時と同じ意識だ。
正しい生命条件にあった
時の意識だ。

そこには本来の正しさがある。
如来《にょらい》の正しさがある。
空《くう》の実感の中において
人は再び如来《にょらい》とめぐり逢う。
生命は、空《くう》の次元を通して
如来《にょらい》の力とつながる。

やあしばらくだねえ！
空
その後イボ痔は治っているかね

そこに生命根源の働きが起る。
生命根源の働きとは、生命を
正しく保とうとする働きだ。
ゆがんだ心を、もとの正しい
ものに戻そうとする働きだ。

そうした働きの中で
理性が自分の心の
ゆがみに気付く！
自分の我意識の
正体を見抜く！
そして、その愚かさと
醜さを知る！

へ、オカゲサマで‥‥
瞑想中
出せ～っ出せ～っ
出なくていいの！
エゴ漬け

理性の目覚めは
知恵の目覚めでもある。
理性の中に自分の心の
ゆがみを、正すために
必要な知恵が生れてくる
それこそが般若《はんにゃ》の知恵だ。

般若《はんにゃ》の知恵とは
自分の心の傷を
自分の心のゆがみを
正す知恵だ。
それに必要なこととして
生死をも超えた生命の
根源的な実相に
感応する感性が
自然に生命の中に
目覚めるのだ。
空《くう》の実感から般若《はんにゃ》の知恵が生れる理由とはこうしたことだ
「そ〜……
そうかねえ………
ふう〜ん……
そういうもんかねえ………
空《くう》の瞑想《めいそう》によって
意識が空《くう》を実感すると
同時にそこに
自らの魂の実感がある。
さらに自らの魂とつらなった
存在を超えた存在
「空《くう》」なるものがある。
すべての根源！
「空《くう》」なるもの………！
それは人格化されれば「神」。
人間の精神世界から
とらえれば如来《にょらい》(仏)。
あるいは聖霊とも
呼ばれる。
ボサ〜ッ

すなわち！
人間の精神世界の根源は
「空《くう》」なる次元の
如来《にょらい》の一大心霊である!!
そして我々一人ひとりの魂も
「空《くう》」なる次元において
ひとつひとつの霊である！
そして我々の霊性《れいせい》は
大心霊の分霊として
「空《くう》」なる次元において
如来《にょらい》の一大心霊とつらなっている。
それは別のものではない！

我々の
さまざまな心は
「空《くう》」なる次元の
霊性《れいせい》のあらわれだ！
受《じゅ》も想《そう》も行《ぎょう》も識《しき》も
「空《くう》」なる次元の
根源的なものから
我々が現実と感ずる
この「色《しき》」の世界へ
あらわれているのだ!!

舎《しゃ》利《り》子《し》 色《しき》不《ふ》異《い》空《くう》 空《くう》不《ふ》異《い》色《しき》
色《しき》即《そく》是《ぜ》空《くう》 空《くう》即《そく》是《ぜ》色《しき》
受《じゅ》想《そう》行《ぎょう》識《しき》 亦《やく》復《ぶ》如《にょ》是《ぜ》……
舎利子《シャーリプトラ》よ
色《しき》とは空《くう》のあらわれだ。
色《しき》と空《くう》は別のものではない。
空《くう》とは色《しき》の根源だ。
生命と共に働く
精神作用のすべてが
空《くう》なる次元《じげん》につらなった
ものである。
ヤカンノンボサツ
シニワスレ
これが今迄のまとめでありま〜〜〜す
ネボケキントト
ところで……
以上のたとえ話の中で
絶対に見逃してはならぬ
キーポイントがある！
キーポイントってなに？
キーがポイ〜〜〜ンとしてるのさ!!

★般若心経《はんにゃしんぎょう》のキーポイント！ 観自在菩薩《かんじざいぼさつ》

答を先に いうなれば 般若心経《はんにゃしんぎょう》を 理解する キーポイントに なっているのは 実に観音菩薩《かんのんぼさつ》 なのだ
へ〜え どうして？
観音菩薩《かんのんぼさつ》の説明なら 前に聞いたよ
そうそう 手が千本あったり！ 頭に頭がにょきにょき 生えてたり！ 身体中に目が付いて いたり…… お化けみたい！
ばちあたり めーっ!! ありがたい 観音《かんのん》様を お化けとは 何事 かーっ!!
コテカーン
コテカントロプス
ペケ！・ミネス
固定観念《コテカン》 鈍《とろ》いです！ ペケ！・死ね！・すぐ

手が千本あるのも
頭にたくさん頭が生えてるのも
それなりの意味があるのだが
ともかく、それらは
人間の作った観音菩薩《かんのんぼさつ》の
「色《しき》」の世界のイメージだ。
しかし実のところそれらは
般若心経《はんにゃしんぎょう》の観音菩薩《かんのんぼさつ》とは
何の関係もないものだ。
観音菩薩《かんのんぼさつ》がそうした姿を
していると思ったら、
それはもう迷信の世界だ。
ケチロン
観音菩薩《かんのんぼさつ》にはもともと、もっと深い意味が秘めらめている！
それが理解出来ていないと般若心経《はんにゃしんぎょう》の意味は根本的に分らないばかりか観音菩薩《かんのんぼさつ》まで迷信の世界に祭り上げてしまうことになる
常に信仰とは真理と迷信が紙一重なので〜〜〜す
のだまい
では観音菩薩《かんのんぼさつ》の深い意味とは何か！
フクラガメ
分った!!
ほう ゆうてみい ゆうてみい

観音《かんのん》様は男か女か！…ということ！
ドシャ！
のたまい
ドテッ
コテン！
あいつの考えてることはさすがの俺にも理解出来ん！
でも世の中ではよく聞く質問だよ
たぶん観音《かんのん》様は女だ!!
どーして？
ガイヤ
だって女の姿をしてる！
わしも観音菩薩《かんのんぼさつ》だぞ——っ
馬頭カンノン
メトウカンノン
二枚舌
じゃ男だ
両方ラクダイ！

観音《かんのん》様は男でも女でもないよ
分ったっじゃ中性だ!!
落第以下!
どおして〜〜〜?
その他オーゼー
中性というとおかまかゲイボーイ……?
半陰陽《はんいんよう》を中性というんじゃないの?
すると観音《かんのん》様が半陰陽《はんいんよう》だというのか!?
ばちあたりめーっ
半陰陽《はんいんよう》って何のこと?
大きな声ではいえんけどねオチンタンとオマンタンが両方付いているのやオチンタンかオマンタンかがはっきりせんのを半陰陽《はんいんよう》というんだよ
コテカーン
聞こえたぞ〜〜〜っ

ゆるせん！
神聖なる般若心経《はんにゃしんぎょう》の本の中でオチンタンオマンタンとは何事かーっ
コテカン・トロプス・ペケシネス
（固定観念鈍《トロイ》です、ペケ！死ね！すぐ！
ほんとに、まあコテカンてのはいつの時代にもどうしようもないもんだねえ…
下半身に特別の偏見を持つというのも心のゆがみにほかならない
そうなんだヨ下半身がいやらしいんじゃない下半身をいやらしいと見る心がいやらしいのさ
無明《むみょう》そのもの！
ホットケ
そうだね
わかったあーっ今度こそ正解!! 観音《かんのん》様は男女の性を超えてるんだ!!
まあまあそれなら間違いではないがほめられる答でもない
じゃいったいど〜だちゅうの？

そもそも観音菩薩《かんのんぼさつ》が男か女かなどと考えること自体観音菩薩《かんのんぼさつ》の本来の意味がまるっきり分ってないからだ。
ケチロン
わっからね〜よ〜〜っ
性を超えているというのも仏画や仏像の表現でのことであって本来の観音菩薩《かんのんぼさつ》そのものは仏画や仏像のイメージとは一切関係ない空《くう》の次元の存在だ。
どういうことかよく分らないなあ……
では説明しよう人間の生命は半分が動物で半分が精神だ。
精神という文字を見てごらん神の精と書く。
精神
動物
「精」とは——純粋なるもの、魂！すなわち精神とは神仏につながった魂のことだ。

かたや男女の性は人間の動物面のあらわれだ。観音菩薩《かんのんぼさつ》はたしかに人間の姿としてあらわされてはいるがそこに表現されているものはあくまで人間の精神面だ。人間の動物面とは一切何の関係もない！つまり「性」とはまったく無関係なのだ。

姿が人間の男や女として表現されているからといって見る方が、そこに人間の動物面までつけ加えて考えてしまうとなるとこれまた、アホまる出しの脱線というものだ。

でも…それじゃ どうして仏画や仏像で 観音菩薩《かんのんぼさつ》が男や女に 表現されているの？
うむ それはまさに 観音菩薩《かんのんぼさつ》の 本来の意味に つながった いい質問だよ

仏の慈悲《じひ》の心は理智の化身とされている。慈悲《じひ》の心はイメージとして母性的だ。そして理智は父性的だ。

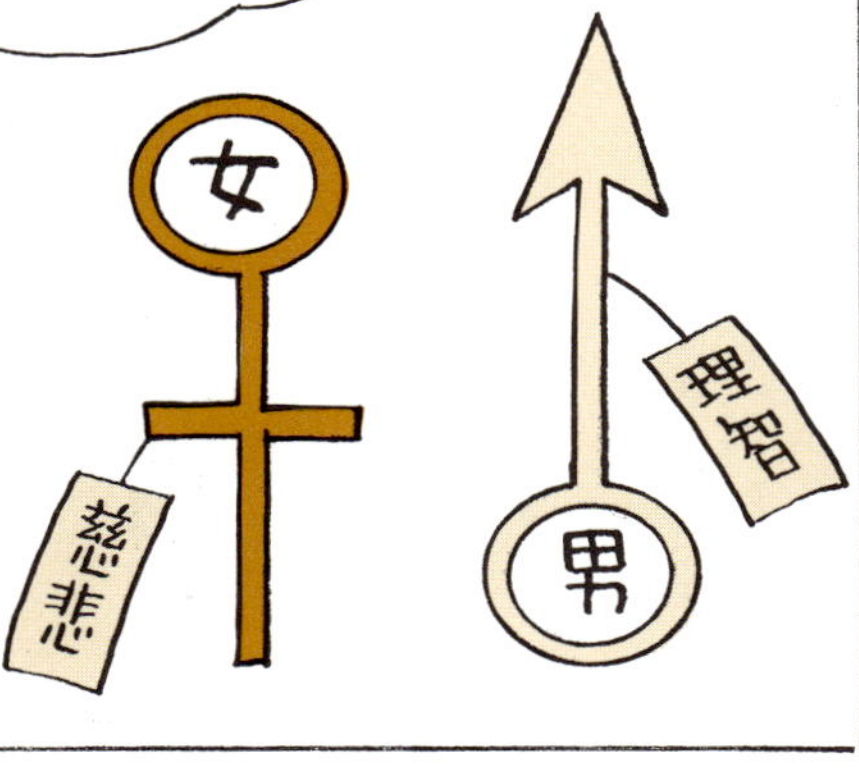
理智
男
女
慈悲

そうしたところから観音菩薩《かんのんぼさつ》も男や女に分かれた表現がされる訳だ。

すなわち！
観音菩薩《かんのんぼさつ》の
本来の意味とは
人間の魂の
目覚めと共に
生命の働きの
中にあらわれる
「仏性」のことだ！
その仏性が
つまり
慈悲《じひ》の心と
般若《はんにゃ》の理智
という
人間本来の
精神なので
〜〜〜す
のたまい
キーポイント
ケチロン
人間の内に秘められた仏性は
瞑想《めいそう》の行《ぎょう》と共に生れてくる！
その仏性こそ観音菩薩《かんのんぼさつ》と
表現されているものなのだ！
これこそ般若心経《はんにゃしんぎょう》を
正しく理解する上で
決して見逃しては
ならない重要な
キーポイントに
なっている!!
は〜〜
なるほど!!
メガネモグラ
ロンゲン
コッ
このキーポイントを
見逃がしてしまうと
お経に秘められた
深い意味に気付く
ことなど出来ない！

すると……お経の文では観音菩薩《かんのんぼさつ》が舎利子《シャーリプトラ》よ!と語りかけているように書かれているけど本当の意味は瞑想《めいそう》によって目覚めた舎利子《シャーリプトラ》の知恵が観音菩薩《かんのんぼさつ》ということなんだね…
般若の知恵
舎利子
えらい!!よくぞ、そこに気が付いた!
まさにその通り!観音菩薩《かんのんぼさつ》と舎利子《シャーリプトラ》に生まれた知恵とは別のものじゃない!
観音菩薩《かんのんぼさつ》は空《くう》の次元の仏智!舎利子《シャーリプトラ》は色《しき》の世界の瞑想《めいそう》!色不異空《しきふいくう》空不異色《くうふいしき》色即是空《しきそくぜくう》空即是色《くうそくぜしき》…
ケキロン
観音菩薩《かんのんぼさつ》と舎利子《シャーリプトラ》を切り離して考えてはだめなのだ

★お経のウラに秘められた教え

舎利子《シャーリプトラ》とは
色《しき》の世界における
空《くう》の瞑想《めいそう》のこと！

観音菩薩《かんのんぼさつ》とは
空《くう》の瞑想《めいそう》と共に
色《しき》の世界にあらわれる
理智のこと！

そして
観音菩薩《かんのんぼさつ》が
舎利子《シャーリプトラ》に対して
生命の実相を教える
という表現が
仏性としての慈悲《じひ》の心
をあらわしている。

このように
お経の構成の中には
まことに、まことに
深い意味が仏の知恵と
共に秘められているのだ。

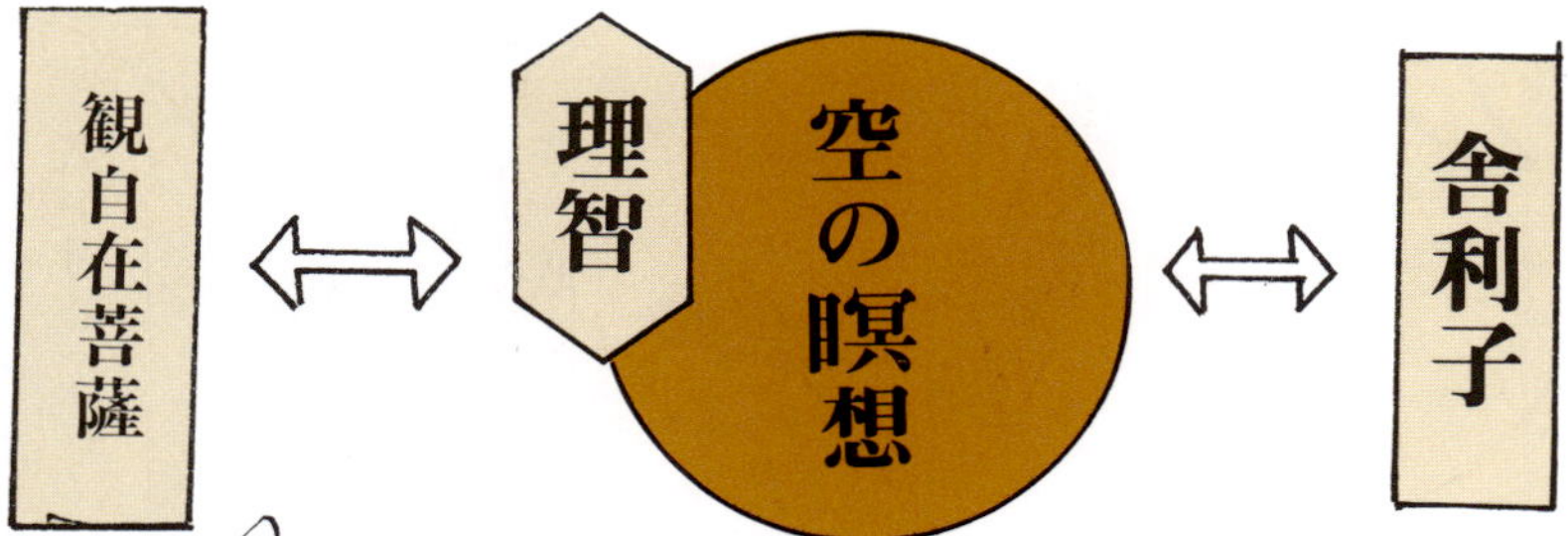
舎利子
空の瞑想
理智
観自在菩薩

そうしたことに気付かず
お経の文字の表面の
意味だけをたどって
般若心経《はんにゃしんぎょう》を訳したとて
現実離れした
おとぎ話にしか
ならない！
そんなものありがたくも
何ともない！

ケチロン

ドクゼツ
それを訳も分らずありがたがっているのがコテカンだ！
たわけーっお経は訳分らなくともともかくありがたいものなのだ——っ!!

俺 そんなことに気付けなかったよ〜〜〜っ
おれ能無しだよ〜〜〜っ 生きてる価値ないよ〜〜〜お
死んだ方がえ〜よ〜〜
あの〜〜〜 お手伝いしましょうか……？
死神屋
でも死にたくないよ〜〜〜っ
いいのいいの 退屈なお経の話なんかくそくらえだよ！
そんなこと考えるヒマあったらじゃんじゃんかせいで飲んで食って女遊びしてる方がよっぽど楽しいに決ってる！
スチャラカチャンチャン
人生は楽しまにゃそんだよ
あとがむなしくなるだけなのに……
死神屋を救ってくれる菩薩《ぼさつ》様って〜のはいないのかなあ……

そういう訳で般若心経《はんにゃしんぎょう》の初めに戻ってお経を読みなおしてみる
なんだ！なんだ！お経のスタートのところからちっとも先へ進まんじゃあないか！
まあ、まあ、そう焦るなって！ここはお経全体の重要なキーポイントだ完全に理解しておかにゃ先に進んでも何にもならんのだよ
カットキ
ケキロン
お経の言葉の意味だけ分ったってその内容が分らにゃカラ念仏と変わらんだろ？
般若心経《はんにゃしんぎょう》の解説書を読んでも何のことやら訳分らんというのもお経の言葉の表面の意味しか説明されてないからだ
この本ではその内容を理解しようとしているのだからテンポが遅いのもしかたないのさ
へのかっぱ

観自在菩薩《かんじざいぼさつ》
行深般若波羅蜜多時《ぎょうじんはんにゃはらみったじ》
照見五蘊皆空《しょうけんごうんかいくう》
度一切苦厄《どいっさいくやく》
舎利子《しゃりし》
色不異空空不異色《しきふいくうくうふいしき》
色即是空空即是色《しきそくぜくうくうそくぜしき》
受想行識亦復如是《じゅそうぎょうしきやくぶにょぜ》
まずは これが 般若心経《はんにゃしんぎょう》の スタートの 経文だ
次にこれは お経の文字の 意味だけを 訳したもの！
観自在菩薩《かんじざいぼさつ》は
知恵の完成を行《ぎょう》じし時
すべての存在は
五つの要素からなり
その五つの要素の実相は
「空《くう》」なるものと見極めた
舎利子《シャーリプトラ》よ！
色《しき》は空《くう》に異ならず
空《くう》は色《しき》に異ならず
色《しき》は即ち空《くう》、空《くう》は即ち色《しき》！
受想行識《じゅそうぎょうしき》もまたかくの如し
これを さらに 分りやすく 表現すると …… こうなる！
観音菩薩《ぼさつ》は深い瞑想《めいそう》の中で
生命のあらゆる働きは
「空《くう》」なる次元よりあらわれている
と見極めた。
シャーリプトラよ！
色《しき》とは空《くう》のあらわれだ
色《しき》と空《くう》とは別のものではない。
空《くう》とは色《しき》の根源だ。
生命と共にある精神作用のすべてが
「空《くう》」なる次元につらなっている。
しかし これだけでは 本当のところ お経を理解 したことには ならない
ゴ〜〜
グ〜〜

いや、このままじゃ実のところお経をまったく分ってないのと変わりないのだ
なぜならこれはお経の表面の意味に過ぎないからだ！
え〜〜っ他に、まだ意味があるの!?
どんな〜〜？
ここで観音菩薩《かんのんぼさつ》に秘められたキーワードを思い出してごらん!!
観音菩薩《かんのんぼさつ》とは瞑想《めいそう》の行《ぎょう》と共に生れてくる人間の生命の内に秘められた「仏性」そのものである
仏性
このキーワードでお経が我々に教えようとする本当の意味がはっきりと見えてくる
すなわちその意味とは!!

これこそ
お経のウラに
秘められた
仏の教えだ

観《かん》自《じ》在《ざい》菩《ぼ》薩《さつ》
行《ぎょう》深《しん》般《はん》若《にゃ》波《は》羅《ら》蜜《みっ》多《た》時《じ》
照《しょう》見《けん》五《ご》蘊《うん》皆《かい》空《くう》
度《ど》一《いっ》切《さい》苦《く》厄《やく》
舎《しゃ》利《り》子《し》
色《しき》不《ふ》異《い》空《くう》空《くう》不《ふ》異《い》色《しき》
色《しき》即《そく》是《ぜ》空《くう》空《くう》即《そく》是《ぜ》色《しき》
受《じゅ》想《そう》行《ぎょう》識《しき》亦《やく》復《ぶ》如《にょ》是《ぜ》

すべての人間の
内に秘められた「仏性《（観自在菩薩）》」は
瞑想の行《（行深般若波羅蜜多）》と共に目覚めてくる。

仏性としてあらわれる理智《（般若）》は
生命の根源なる「空《くう》」を理解《（照見五蘊）》し
人間本来の正しい精神としての
慈悲の心を育ててゆく。

すべての生命とその宿命《（色即是空 空即是色）》は
「空《くう》」なる次元よりあらわれいでる。
すべての心とその運命も
「空《くう》」なる次元につらなっている。

そのいわんと
することは
瞑想《めいそう》の行《ぎょう》こそ
「空《くう》」を知る
ことであり
空《くう》を知ることが
生命の実相を
理解することに
つながる！と
教えているのだ

すなわち！
空《くう》を知るということは
我々の現実としての
宿命と運命が
どのように成り立ち
どのようにあらわれて
くるかを知ることだ！
そして、これこそ
人間が生きる上での
さまざまな苦しみの
根源を知ることに
つながっている！
ケチロン
宿命
運命
空
苦しみを取り除くには
その原因を知らねばならない。
その原因が分れば
苦しみを取り除く方法も
自然の知恵の中に生れてくる。
おれの苦しみ
とりのぞいて
くれよ〜〜っ
ナキ
トリ
のぞいて
ます
31点！

何度もいうように
お経は文字の
表面の意味ばかり
たどっても
だめなのだ!!
それをやるから
訳も分らん
屁理屈をこねまわし
「空《くう》」を頭だけで
納得しなきゃ
ならなくなる!
スパパーン!
スパーン
ロンゲン
へのかっぱ
実際のところ難解な
「空《くう》」の理論を理解したとて
我々が現実に生きる上で
何の役にも立ちはしない!
難解なことを理解することが
価値であるような思い込み
こそコテカンそのものだ!
我々には
生きた教えが
必要なのだ!
その教えは
般若心経《はんにゃしんぎょう》全体を
方便《ほうべん》とした
そのウラに
秘められている!
ヒトリヨガリ
そのウラを
見抜く感性!
それを生むために
般若心経《はんにゃしんぎょう》は
般若波羅蜜多《はんにゃはらみた》の
行《ぎょう》の大切さを
叫んでいるのだ
ドクゼツ

そして、ここから
お経はいよいよ
「空《くう》」なる次元とは
どのようなものかの
説明に入ってゆく！
テルボーズ
あ〜した天気に
な〜れ！
の〜〜んびり〜〜〜ん…
特別超鈍行列車
ピッポ〜〜
般若心経号
各駅各駅
念入り停車
特別超鈍行列車
「般若心経《はんにゃしんぎょう》号」は
ただいま発車
いたしました〜〜〜
お乗り遅れの方は
あとからのんびり
走ってくれれば
追いつけま〜〜〜す
いよいよ
出発だ！
進め
〜〜〜っ
快足トドケン号
ズズズ〜〜〜

舎《しゃ》利《り》子《し》　是《ぜ》諸《しょ》法《ほう》空《くう》相《そう》
不《ふ》生《しょう》不《ふ》滅《めつ》　不《ふ》垢《く》不《ふ》浄《じょう》　不《ふ》増《ぞう》不《ふ》減《げん》

（舎利子よ！諸法は空相にして生ぜず、滅せず、垢つかず、清からず、増さず、減らず）

シャーリプトラよ！
すべての現象は
存在の法則性の中に成り立っている。
存在の法則性そのものには相なく
生じるものでも滅ずるものでもない。
汚れや清潔さをも超えており
増しもせず減りもしない。

存在の法則性、すなわち「空《くう》」は
永遠の次元に存在する！

舎利子《シャーリプトラ》よ！と、ふたたび観音菩薩《かんのんぼさつ》が舎利子《シャーリプトラ》に呼びかける
もう、その意味分ったよ！ほんとは観音菩薩《かんのんぼさつ》が舎利子《シャーリプトラ》に呼びかけているんじゃなくて瞑想《めいそう》する舎利子《シャーリプトラ》の中に理智が生れて「空《くう》」の実相に感応してるんだね！
そのと〜〜り!! 大あたり〜〜〜！
100点！
ようやく分ってきたね 要するに瞑想《めいそう》と共に人間の生命の奥から空《くう》の次元を感応する能力が自然に生れてくるんだよ、という仏の教えだ
観音菩薩《かんのんぼさつ》が舎利子《シャーリプトラ》に語りかけるという表現はつまり方便《ほうべん》といわれているものだ
方便《ほうべん》とは目的のための一時的な手段…… ウソも方便《ほうべん》の方便《ほうべん》！
あ〜〜^ 放便ー！
ポイイン♪

息ぬきコーナー

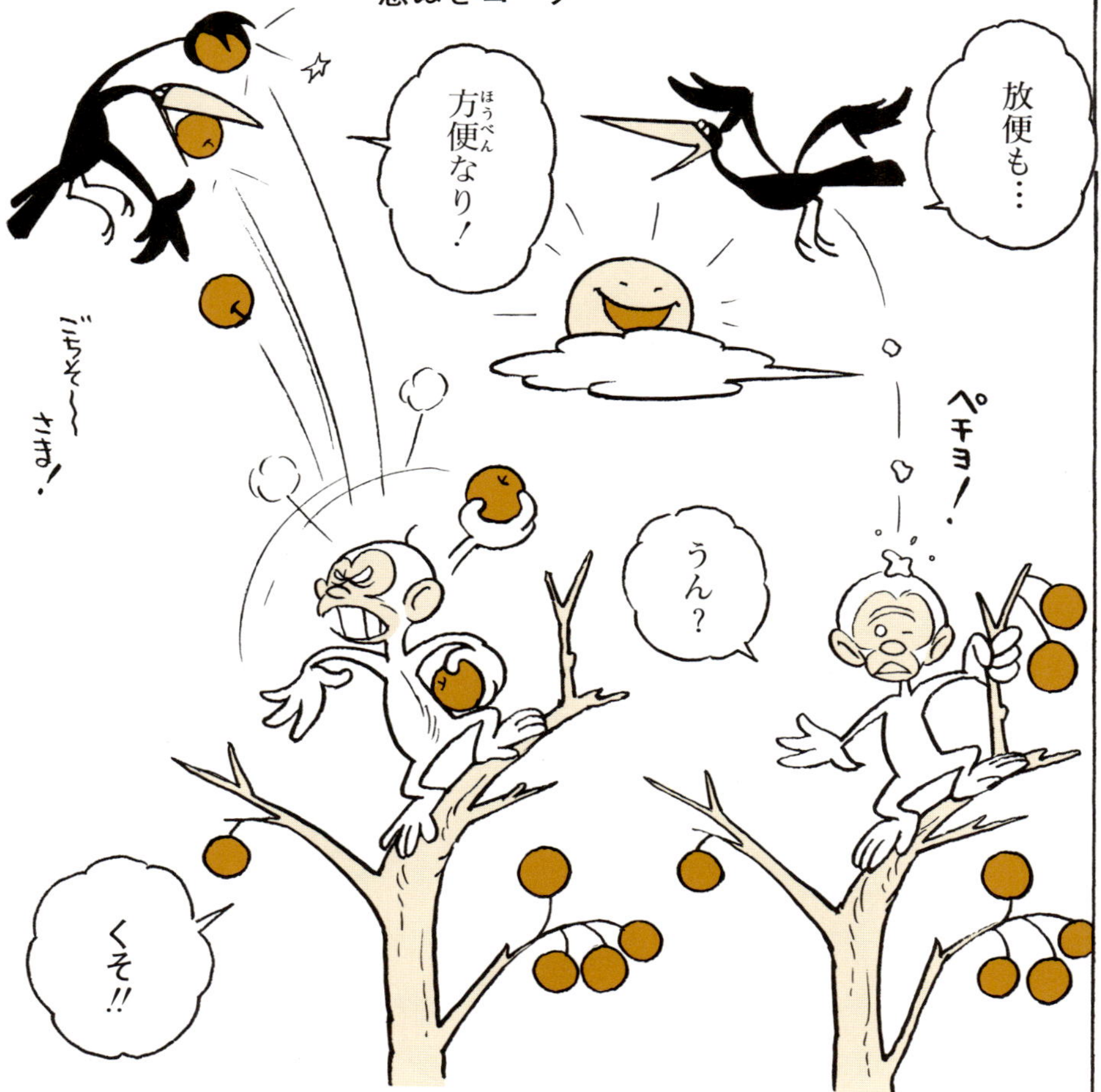

仏教には仏の知恵を
人に伝えるための
さまざまな方便《ほうべん》が使われる。
仏智を観音菩薩《かんのんぼさつ》にたとえ
瞑想《めいそう》の行《ぎょう》を舎利子《シャーリプトラ》に
おきかえたのもすべて方便《ほうべん》。
方便《ほうべん》やたとえの意味に
気が付かねば、お経は何の
価値も持たないただのお話
になってしまう。

それどころか
あらゆる宗教につきものの
迷信やずっこけも
方便《ほうべん》やたとえ話の意味に
気が付かないところから
生れているのだ。
迷信にずっこけてしまえば
仏の知恵も死んでしまう。

なんだつて方便《ほうべん》なんか使うんだい
お経に方便《ほうべん》なんか使うからほんとの意味が分らなくなっちゃうんだよ〜〜〜っ
もう死にたい
そうだそうだ直接ほんとのことをいえばいいんだ
方便《ほうべん》が悪い！
方便《ほうべん》反対！
方便《ほうべん》なんか使わなきゃ誰も迷信へずっこけたりしないですむんだ
そうですそうです方便《ほうべん》はウソです悪いウソは方便《ほうべん》です色即《しきそく》が是空《ぜくう》ですだから空即《くうそく》が是色《ぜしき》なのでした
スカ〜
へのかっぱ
へ〜〜もしわけね〜〜
おめえ！何訳分らんことというとるんじゃ？ヘリクツにもなっとらんじゃないか！ヘリクツならもう少しヘリクツらしくしろよ！

★方便《ほうべん》と心の浄化

ところが その方便《ほうべん》こそが 仏の知恵なんだョ
ホトケの ホ〜便!?
たとえば 観音菩薩《かんのんぼさつ》や舎利子《シャーリプトラ》を 方便《ほうべん》として使わずに 直接、瞑想《めいそう》しろ! それが仏性に目覚める 方法だ!! と、いったとして…… みんな、その気に なれるかね
ごめんだね!! 瞑想《めいそう》だなんて 退屈で ばかばかしい ……!!
放便して ねてる方が ええ!
いきなり難しい 仏教哲学を聞く気に なれるかね?
むずかしいのや〜だ〜
死んだ方が え〜よ〜
ケモロン

そのように人間のほとんどが無知か、ゆがめているかの心を どちらかなのだ。
人間が悪知恵を発達させて以来世の中全体がゆがんだ意識で成り立っている。
そこに生きる人間は子供の頃から否応なく心をゆがめさせられながら成長するのだ。
世の中に、まったくゆがみのない心を持った人などほとんどいない。
ケキロン
そうかなあ……
おれの心もゆがんでるのかなあ…
ち〜〜ともゆがんでる気がしないいんだがなあ
わしの心は断じてゆがんではいない!! 一生けんめい清く正しく美しく生きている!
コテカン
どこが美しいのか理解に苦しむよホント!
ゆがみに気付かないからアホ丸出しのコテカンになるのだ!!

全体的なゆがみの中ではゆがみをゆがみとも感じられなくなるものだ。
正義の戦い
殺せ殺せーっ
敵を殺せーっ人を殺せーっ
それどころかゆがみの中ではゆがんだ価値感まで作り上げてしまう。
五人殺した！
十人殺した
わーっ英雄!!
おれたったのひとり！ハズカシ…
戦争だけに限らない我々の日常の中の色々な、ゆがんだ価値観のもとをただせば世の中全体の心のゆがみにほかならない。
みんな多かれ少なかれ心をゆがめているのだが問題はそのゆがみに自分で気が付いているか気付いていないかだ。

ゆがみに
気付いていない人は
自分の醜い心を
平気でさらけ出す。
貪欲
ねたみ
見栄
増しみ
ゆがみに
気付いている人は
その人の能力に応じて
とりつくろう。
たてまえ
本心
いずれにしても
心のゆがみは
正しくない！
それは根本的に
生命の法則から
はずれた状態だ
振り返ってみてごらん
心をゆがめられれば
ゆがんだ価値感から
正しくないことを
求め出す
世の中の
不自然な
束縛から
心を
ゆがめた
少年達は
暴力や
破壊行為を
欲し出す

貪欲《どんよく》で心が
ゆがんでる人は
必要がなくとも
無限に金や
ぜいたくを
求め続ける！
あってじゃまなもんじゃないよ〜だ
性の抑圧で心を
ゆがめられた人は
病的な性意識を
持ち始める。
のぞきが私の生きがいでして・・・・
見て〜
ロシュツショー〜〜
心がゆがめば
悪い結果と
つながっていようと
それを求めずには
いられなくなる！
それは本人には
どうしようもない
生命の法則だ
からだ。
是諸法空相《ぜしょほうくうそう》！
すべての現象は存在の法則性の中に成り立っている！
ケキロン
シリタガリ

そういう訳で
心がゆがんでいるうちは
知恵を求めたとしても
得られる知恵は
悪知恵でしかない。

まず、その心の
ゆがみを正さねば
正しい知恵は
得られないのだ。

ひねくれた心のままで
いくら瞑想《めいそう》のまねごとを
やったところで仏智など
湧くものではない。

何よりまず心が浄化
されなければ、一生の間
瞑想《めいそう》のまねごとを
続けたところで何が起る
訳のものでもない。

心の浄化になくてはならぬ存在それこそが仏の聖霊なのだよ
心の浄化ってどういうこと？

心のゆがみは
深い心の傷から起っている。
人間が生れてから育つ間に
さまざまな「苦」を体験し
心の深くに傷を残す。
その傷から知らず知らず
のうちに心をゆがめるのだ。
心の浄化とは、そうした
心の深～～い傷を
治すことなのだよ。

心をゆがめている傷は
心の奥深いところの傷だ。
潜在意識や深奥意識の
中に隠れてしまっている傷だ。
表面意識に出ない傷だ。
だから自分では気が付けない。
ただそれは、心のゆがみとなって
あらわれる。
表面意識
深奥意識
潜在意識
心のゆがみ
聖霊
なで…なで…
その心の傷は本人の力では
治しようのないものなのだ。
傷が奥深過ぎて
手が届かない。
いくら心で治してやろうと
がんばったって無理なのだ。
何せ、手が届かないのだから。
その傷を治せるもの……
それが仏の聖霊の力なのだ。
心の傷を治すには
まず感謝の心が必要だ
感謝の心だけが
心の奥深い傷を治せる
たったひとつの薬だ
唯一の治療法なのだ
心の浄化は
感謝の心を
持つことから
始まる

げははは……
感謝の心だな〜〜〜んてしらけるね〜〜〜！
子供は親の所有物〜〜！
どうしようとおれの勝手！
たとえば親の資格のまったくない親に子供といえども心からの感謝など出来っこない！
わしゃえらい！そんけいせいっ！
ジュー厄
ゴマスリ
はは〜
アホな上役を尊敬しようたってそりゃ無理だ！
嫌悪している人間に愛情など持てっこない！

感謝だの、尊敬だの
愛情なんてものは
内側から自然に
湧き上るもんで
そうしようと思って
出来るもんじゃない。
やったって、それは
感謝のまねごと！
尊敬のまねごと！
愛したふり！
みんな本物じゃない。
そんなこと、無理に
させられてみろ！
させられる側の
心はますます
ひねくれるばかりよ。
ヒネクレも
たまには
いいこと云うね〜〜
ソノタ
オーゼー
そうだ、そうだ！
感謝ごっこで
心が治るのなら
治った心も
いい子ちゃんごっこ
おれ
おゼゼくれたら
感謝するよ！
プレゼント
くれたら感謝
する！
とにかく
喜ばして
くれたら
感謝する！
たしかに
その通りだ
しかし、ここでいう
感謝とは
そういうたぐいの
感謝じゃない

我々の
日常の生活の中での
感謝の心のほとんどが
損得につながった
上っ面の感謝だ。
そういう感謝は
喜ばしてもらって
それに対して反応する
心の表面だけの感謝だ。
そんな感謝なら
犬でもやってる。
深い心の傷をいやす
感謝の心とは
心というより
魂の次元での感謝だ。
心の表面の感謝と
魂の次元での感謝は
その深さが違う!!
トドケン
魂の感謝だって？
そりゃ、何だ!?
そもそも魂ってどこにあるのよ
魂ってのは心のもとなんだって
どうやりゃ魂で感謝出来るんだ
俺魂なんか感じたことないよ〜〜〜
死にたい
ヤキ
オーゼー

心の表面の感謝は
常に生命《いのち》の外に向けられる。
魂の感謝は
生命《いのち》の内側に向いている。

心の感謝は
「色《しき》」の世界への感謝だ。
何かをもらって感謝する。
親切にされて感謝する。
喜びを与えられて感謝する。
このように感謝の対象が
常に外の世界にある。
その感謝は
生命の内側には向いていない。

ところが心をゆがめている傷は
生命の内側にあり、しかも奥深い。
心の表面の感謝の念では
深い心の傷には、届かない。
外に向けられた感謝の念では
内なる心の傷は、いやされない。
心のゆがみも、そのままだ。

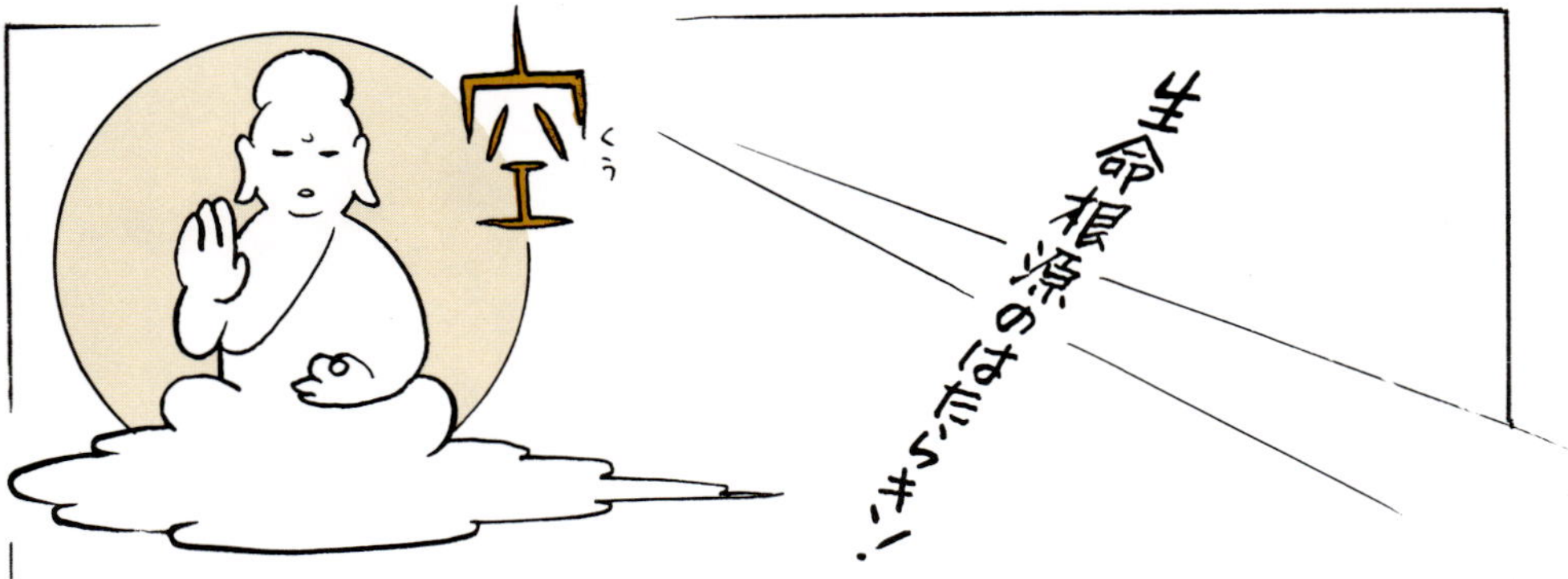
空《くう》
生命根源のはたらき！

魂の感謝は
「空《くう》」なる次元につながる感謝だ。
魂とは心と「空《くう》」をつなぐ個々の霊性《れいせい》。
感謝の心が生命の内側に向けられる時
意識は魂を通して「空《くう》」とつながる。

「空《くう》」なる次元！それは生命の根源！
そこにおいて魂は
理屈抜きで仏の霊を感じる。
自らの魂が仏の聖霊と
「空《くう》」なる次元の波動でつながる。
そこに強烈な感動がある!!

そして、そこに……何かが起る。
魂のゆがみを根元から正そうとする
生命本来の働きが起る！
生命根源の働きが動き出す。
流す涙は古い心の傷を洗い清める。

そして深い心の傷はうそのように消え
いつしか心のゆがみもなくなっている。

感謝
空
生命《いのち》の内がわ
心の傷
居心地わるいや！

心の浄化とはこうした意味だ。般若心経《はんにゃしんぎょう》に観音菩薩《かんのんぼさつ》という架空の仏を登場させたのも人の心を、まず浄化させるための方便《ほうべん》なのだ。

心が浄化されれば瞑想《めいそう》も本物になる。すると仏智が自動的に湧いてくる。その仏智が、また自然にお経の中の方便《ほうべん》に秘められた本当の意味に気付かせてくれる。そして仏の知恵と教えを自分の人生の中に生かす方法がひとりでに分ってくる。

般若心経

心がゆがんだままの状態では
仏がどんな価値あることを説いたところで
正しく理解することは出来ないのだ。
ゆがんだ心はゆがんだ価値観を持っており
そこに都合のいいように、仏の教えを
結びつけてしまうからだ。

ハンニャ心狂！

いかに賢くとも、それが
悪知恵であっては何にもならない。
悪知恵によって仏の教えも
ゆがめられて解釈されてしまう。
それが無知な人々に教えこまれて
固定観念にでもなってしまえば
もはや、お経は何の価値も
あらわさないものになってしまう。

そうしたことのないようにと
浄化された心によってのみ
見抜ける方便《ほうべん》を工夫し
教えの本当の意味は経文の
方便《ほうべん》のウラに秘せられたのだ。

だからお経の表面だけ
たどってもだめなのだ
お経のウラに秘められた
意味を理解出来ねば
お経を読んでも
何にもならない！
仏の方便《ほうべん》！
まさしく
すばらしい
慈悲《じひ》に満ちた
知恵なのだョ
ケチロン

★諸法空相《しょほうくうそう》と運命について

処方空想《しょほうくうそう》
下痢止めと
下剤とを
調合すると
便秘も下痢も
しない薬が
出来るだろう
……か？
そりゃあ
ノーベル賞
ものだヨ！
処《しょ》方《ほう》空《くう》想《そう》
しかし！
飲んだ人は
ノービル症
でした！
はひ〜〜
ひこ……
ひこ……
41点
ダ蛇レ

諸法《しょほう》とはすべての現象すべての存在
諸《しょ》法《ほう》
空《くう》相《そう》
空《くう》とはすべての根源すなわち存在の法則性
諸法空相《しょほうくう》！つまりあらゆる現象は存在の法則性の中に成り立っているということだ
結果には原因があり原因には結果がある
原因と結果の関係を因果関係といいさまざまの原因によって結果のあらわれることを―因縁生起《いんねんせいき》―略してエンギという。
く〜
空〜

諸法空相《しょほうくうそう》を
「空《くう》」の文字の意味に
とらわれて判断すると
〃あらゆる現象
あらゆる存在には
実体がない〃
という意味になるが……
だから ど〜〜〜だ ちゅうのよ
カッ
そのあと どうしろっ ちゅうのよ！
へ〜〜〜リクツ〜〜
実体に対して 実体がないなどという 理屈をこねあげても 結局は何の役にも立た ないただの屁理屈！
そんなもので 人間の魂が 救える訳がない！
現にそういう 屁理屈で 救われた人など どこにもいない!!
ドクゼツ
へのかっぱ
「空《くう》」を「存在の法則性」
という角度からとらえる
なら……
諸法空相《しょほうくうそう》とは、すなわち
〃あらゆる現象は
因縁生起《いんねんせいき》によるものだ〃
という解釈になる。

すべての出来事には必ず原因と結果があるものだ！
原因のない結果はどこにもない！結果のない原因もまたありえない！
へっ！そんなことあったりまえのことじゃねえか
それがどうしたんちゅうの？
大金持ちが大金を持ってるのは大金持ちだからだ！
貧乏人に金がないのは貧乏だからだ！
トド犬が太ってんのは食い過ぎるからだ
ガツツガツツガツツ
エサ!!

雨が降るのは天気が悪いからだ!!
あ～した天気になぁ～れ！
こうした原因と結果という必然性という成り立ちの糸でつながれている
すなわち悪い結果には間違った原因があり良い結果には正しい原因があるということだ
ガハハハ…
それもまた分り切っていることだよ
ケチロン
さてね…本当に分っているかな？
そんなこと分らなくてど～～～する！
石につまずいて転ぶというのは足元に注意しなかったという間違いが原因！

二日酔いで苦しむのは酒を呑み過ぎた間違いが原因！

借金取りに追いかけられるのは借金取りになって追いかける方にならなかったという間違いが原因!!

ムチャクチャ云わはる！

シャッキン鳥
カネ！

カネ！

カネカネ！

では理由もなく石を投げつけられたとして…これは何の間違いが原因かね
それは悪いのはこっちじゃない石を投げつけた奴が悪いに決ってるじゃないか！俺は怒る!!

カポッ！

では空から石が降ってきた時は、誰が悪いことになるのかな
誰も悪い訳じゃあないよ！

そりゃあただの偶然の災難だ
しかし厳密にいえば偶然とはいってもそれなりの原因はある！

世の中の出来事の中には原因と結果をつなぐ必然の糸が見えるものと見えないものがある訳で見えないものを、我々は偶然といって、片付けているに過ぎないのだ。

偶然の以前をたどればそこには原因が必ずある！

そしてその見えない糸をたどってゆくと……

たどりつくところは自分自身なのだ。

あらゆる不幸あらゆる不運の原因は実は自分自身にあるのだ!!

ど～して！

冗談じゃないよっ それじゃ人に殺されても悪いのは自分だってことになっちゃうじゃないかっ
その他
オーゼー
ごよ〜〜!! 殺された人間はタイホする!
ゴヨーきき
実はそうなのだよ!
カッ
そんなばかなっ殺した奴は悪くないというのけっ!!

むろん人を殺す側も悪いに決ってる。
殺した方も、いつか何らかの形によってそのむくいを受けることになる!
そのむくいはすぐにあらわれるかも知れない。
先になってからあらわれるかも知れない。
もしかするとこの世でなく次の一生の中であらわれるかも知れない。
いつ、どういう形でそのむくいがあらわれるかその予測は一切つかない!
しかし、それは絶対に起ることだ!!
それが存在の法則だからだ。

そういう訳で
殺された人も自分が
災難に逢うという
その原因を
この一生の中でなく
前世に作っていると
すれば……
本人にも、誰にも
災難に逢う原因が
まったく分らない
ことだろう。
悪い結果には絶対
悪い原因がある！
その責任は常に
本人にある!!
不快なことに出逢う
ということは
いつか、どこかで
その原因を本人が
作ってしまったと
いうことなのだ。
前世
原因
カルマ
現世
それが
カルマの法則と
いわれているものだ
人間の運命も宿命も
すべてが
カルマの法則の中に
成り立っているのだ
それが
本当だったら
うっかり
悪いことなんか
出来ないじゃん！
こわ〜〜!
ケチロン

けっ!! 誰がそんな法則を決めたんだねっ! そんなもの人間の作った迷信に決ってる!!
でも、もし本当だったらやばいよ〜〜
では身体の仕組みに目を向けてみるがいいそこには生命の法則がある存在の法則の縮図が見られる
身体の仕組みには正しいものを成り立たせ正しくないものを消し去ろうとする力が常に働いている!
これこそ、まさに存在の法則性そのもの!! そしてこの法則性は人の一生の運命の中にも同じように働いているのだ。
これをまじめに考えてみると実に恐ろしいことがはっきりしてくる
正
邪
恐ろしいことってど〜〜いうこと〜〜〜?

空《くう》とは存在の法則

存在の法則とは
正しいものを成り立たせ
正しくないものを消し去る働き。

身体の故障からあらわれる病気も
正しくないものが
消されてゆく時にあらわれる現象。

運命の中にあらわれる
さまざまな苦悩もまた
過去から今に至るカルマが
消されてゆくところに生じる
現象にほかならない。
それは過去に働いた
怒りの「心」のエネルギーが
現象化されたものなのだ。

その現象の中で「心」を守り切れば
その現象と共に
過去のカルマは消滅してゆく。
だが、その現象の中にもがいて
怒りの心を働かせてしまえば
それは次の悪しきカルマにつながり
存在の法則は
さらに強力に働きかけ
生命そのものを消し去る現象を
カルマの中に作り出す！

そうした時、人は
目に見えぬ糸に操つられるが如く
生命を落とす条件の中へと
自分自身を進めてゆく！
すなわち存在の法則によって
その存在を消し去られる！

すなわち
とんでもない
不幸な目に
逢うということは
存在の法則に
よって今まさに
生きる条件を
取り上げられつつ
あるという
ことなのだ!
これこそ
昔からいわれる
「天罰」という
言葉の意味
なのだ!!
ひえ〜〜
おれは今、天から
消されつつあるんだ〜〜っ
死ぬ〜〜っ
ケチロン
そう
被害妄想に
なることは
ないんだよ
大切なのは
今ある心だ!
その心によって
未来の運命が
決ってゆくん
だからね
イテテ…
イテテテ…
その通りであります!
病気にあらわれる苦痛は
病気そのものではなく
身体がもとの正しさに
戻ろうとする働きと共に
生じる感覚なので
ありまして……へい!
あれは危険を知らせてくれる
信号なのでありまして……
あれを病気と一緒くたに
考えるのは見当違いと
いうものでして……へい!

人生の中で味わう苦悩も
病気の苦痛と、何ら
変わらんものでして……へい
つまり運命の間違いが
もとの正しさに戻ろうと
する働きと共に
あらわれる意識なので
ありま〜〜〜す、へいい！
イテテ…
イテテ…
たとえば
ジンマ疹が発生したとする！
そのかゆみは皮フそのものの
病気じゃない。
身体内の毒素が皮フを通り抜けて
外へ排出される過程で皮フが
ひっちゃかめっちゃか、かゆくなる。
そのかゆみは耐えていれば
自然に治る！しかし
そのかゆみに耐えられずに
かきこわしてしまったりすると
そこから本格的な皮フ病へと
進展してしまう！
不幸と共に起る苦悩も同じこと。
悪いカルマが解消される時
不幸と共に「苦」が生じる。
それに耐えられれば
悪いカルマは存在の法則性の
中で自然解消され、やがて
不幸も消えてゆく。

しかし、それに耐えられず
「苦」に対して「怒り」の心を
起してしまうと
それに伴う言動が
未来の運命を決定的に
破壊してしまうことになる。

怒りの心はすべてを破壊する
一種のエネルギーだ。
存在の法則に最も反したものだ。
自らの生命と運命を破壊する。

自分が怒らざるを得ないという
状況に追い込まれるというのも
実はその原因が過去において
自分の怒りが作ったものだ。
その破壊のエネルギーが
「空《くう》」の次元をめぐって
自分にかえってくる時
自分自身の存在を、さらに破壊に
向わせる現象となって
あらわれてくるのである！

空
この意味が分っていないと人は「苦」の中で心を怒らせ間違いの堂々めぐりにはてしがなくなる運命もそれに応じて悪くなる
したがってそのカルマを解消するには怒りを誘う「苦」に耐えるしかない！
カットキ

「苦」から心を
動かさぬことだ!
今、過去のカルマが
消えつつある!
……という
ところに心を
定めることだ!

ジンマ疹のかゆみを
これは今、体内の毒素が
消えつつある現象だと知れば
皮フをかきこわすことなく
耐えられるのと同じに
過去の間違いの結果が
この程度のものですんで
ほんに、まあよかった!!……と
考えられれば腹も立てずに
苦を現象として眺められる。

「諸法空相《しょほうくうそう》」の文字の中に
秘められた教えとは——
「諸法《しょほう》」としてあらわされている私達の
運命や宿命は
成り行きで決るのではないということ。
運命も宿命も必然なのだ!!
そうなるべき法則性の中で
そうなっているということだ!
幸福も不幸も、幸運も災いも
必然の法則性と共に成り立っている。

その出発点には
常に自分の「心」が動いている。
心が行動をうながし、それが業《カルマ》となり
「空《くう》」の次元で縁起の法則をめぐり
そして現象となって
自分のところにかえってくる!!

私達はそうした結果のみを
運命や宿命と呼んでいる!
だが、それらのすべては
自分自身が作ったものなのだ。

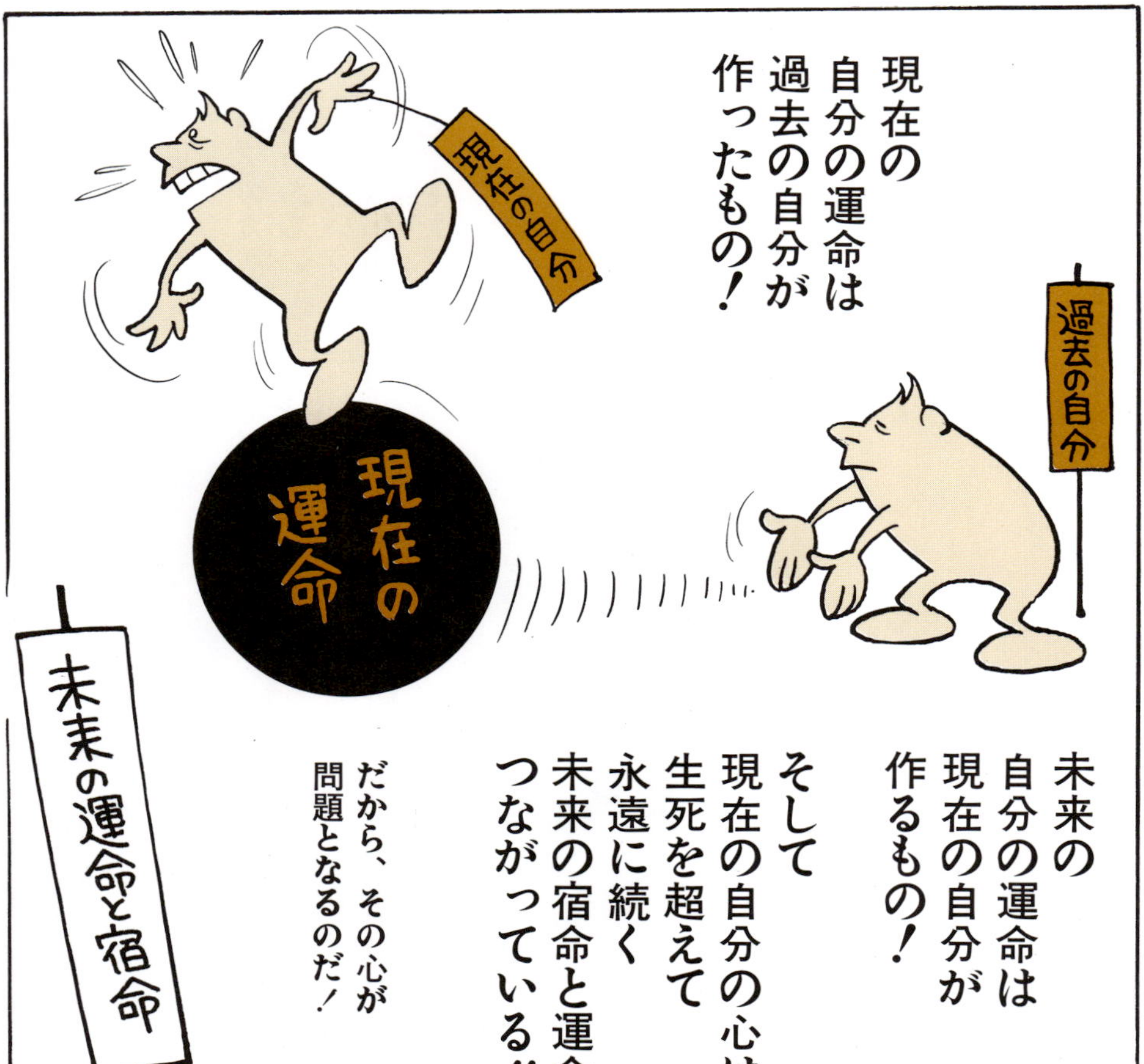

現在の自分の運命は過去の自分が作ったもの！
過去の自分
現在の自分
現在の運命
未来の自分の運命は現在の自分が作るもの！
そして現在の自分の心は生死を超えて永遠に続く未来の宿命と運命につながっている!!
だから、その心が問題となるのだ！
未来の運命と宿命
?
生
死
生
死
生
心
現在の心

聖霊からのメッセージ

ものごとの成り立ちは
絶対の法則通りに成り立ってゆく。
そこにはいささかの狂いも
いささかのごまかしもない。
なるべくして成り立つ必然!!
そうした存在の法則と共に
人間の運命がある。

人間の運命の良し悪しは
人間の生き方が
あるいは心の運び方が
存在の法則にかなっているか
存在の法則に反しているかの
違いのあらわれだ。

こうすれば、ああなる!
ああすれば、こうなる!という
原因と結果の必然の糸の
つながりの中で運命は
現実化されてゆく!

それが来世の宿命へと
続いてゆく……

このように諸法空想《しょほうくうそう》という言葉の中にはカルマの法則性を知れ!という意味も含まれているのだ
諸《しょ》法《ほう》空《くう》相《そう》

★諸《しょ》法《ほう》空《くう》相《そう》と宿命について

人はある時ふと、思う…自分とは何だろうなぜ、ここにこうして存在しているのだろう……

この生命とは何だろう…?この生命はどういう意味を持っているのだろう……

そうしたことに答えられる人はいない！しかし……

自分がここにこうした生命として存在していることにもそれなりの原因があるはずだ！

それは、いったいどういうことなのだろう……

人はそれぞれに
さまざまな
「宿命《しゅくめい》」をもって
生れてくる。

生きる条件として
生命に宿ったもの
それが「宿命《しゅくめい》」だ。

男であること……
女であること……
生れながらに
生命力の強いこと……
弱いこと……
美しい姿……
醜い姿……
これらは
それぞれが
持って生れた
宿命《しゅくめい》だ。

さらには
すぐれた親から生れるもの。
どうしようもないような
親から生れるもの。
恵まれた環境……
恵まれない環境……
時には
五体が満足でなかったり
生れながらに
身体の働きに支障のある
人もいる。
それらもみんな宿命《しゅくめい》だ。

それらの宿命《しゅくめい》は
自分が選んだものではない。
生れた時、否も応もなく
生命と共にあるものだ。
自分が選んだものでは
ないはずなのに、
それでも、その宿命《しゅくめい》は
自分に責任があるという。
その宿命《しゅくめい》の原因は
過去世における自分が
作り出したものだという。

過去、現在、未来を結ぶ
「空《くう》」なる次元!!
そこに存在の法則がある!
過去の原因が
現在の結果となってあらわれ
現在の原因が
未来に結果となってあらわれる。
それこそ、宿命《しゅくめい》と共にある
諸法空相《しょほうくうそう》!!

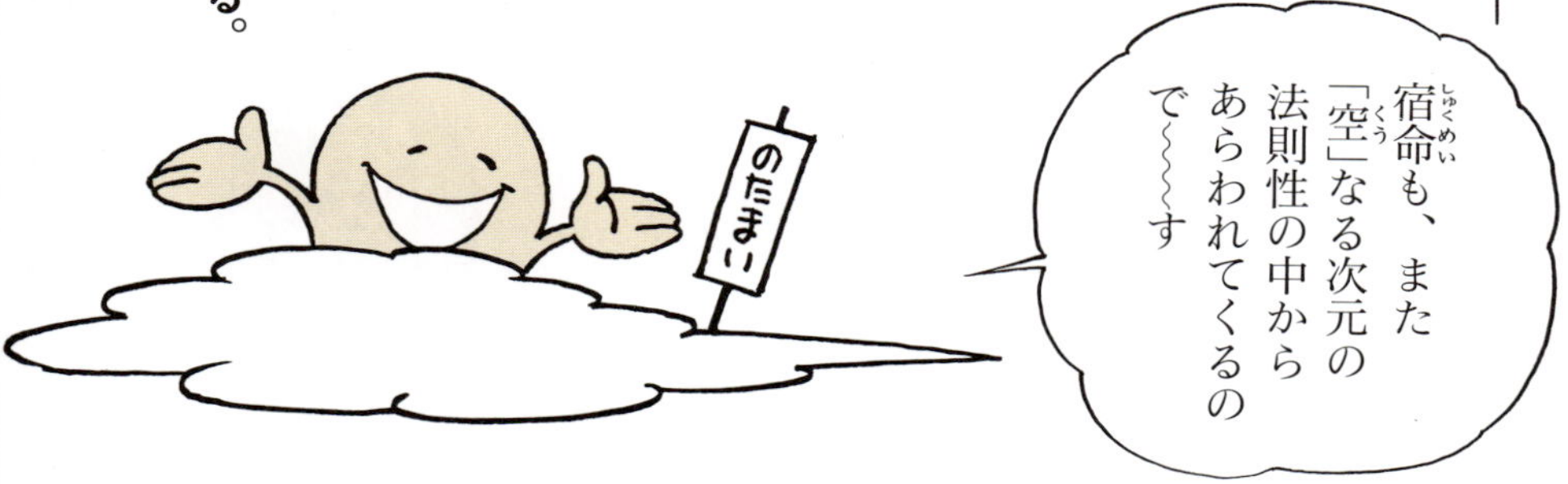
のたまい
宿命《しゅくめい》も、また「空《くう》」なる次元の法則性の中からあらわれてくるので〜〜〜す

要するに
この世に生れる
以前の世界で
どのように
生きていたかに
よって
この世に生れる
姿や条件が
変わってくると
いうことだ。

同じように
この世で
どのように生きる
かによって、次の
一生の宿命《しゅくめい》も
決るという
訳だ。

前世の生きかた
この世の条件
宿命
この世の生き方
運命
来世の条件

ねえ、ねえ、ねえ！

昔から白い犬は来世は人間に生れ変わるっていうけど、本当？

さ～ねえ……

因果応報《いんがおうほう》という言葉があるんだ!!

前世で人を傷つけたりあやめたりした人間はこの世では五体が不完全な姿で生れてしまうんだ!!

けっけ……またまたコテカンの迷信が始まったよ
業欲な一生を送った人間の来世はドブネズミかゴキブリ!!

ゴキブリ？結構だね～～人間なんかよりはるかに生命力旺盛!! ぜひそう願いたいもんだよ
ウン！

や～だよ～

おれはナメクジになりそ～だよ～

とけるのや～だ～

あ～した天気にな～～れ！

カッ
すぐにカッ!!とくるのも前世の因果《いんが》だというのカッ!!
屁理屈こねるの前屁の因果《いんが》?
へ!
うららら…
うららら…
春うらら
ウララちゃんから離れられないのも前世からの因果《いんが》じゃよ
アイシテン
淫欲にふけるじじいはメスに食われちまう来世はオスのかまきりだぞっ
あんた、ようそういうアホなこと、次々とおもいつけるもんだねえ
み〜〜んな迷信!!迷信を本気で信じる奴はバカだ!アホだ!原始人だっ
ドクゼツ

まあ実際のところ前世がどうだから現世がこうだとか現世がこうなら来世がどうなどということは誰にも分らんことなのだ。

こうすればああなる！ああすればこうなるなどと決めつけることは滑稽なことだ。

因果《いんが》応報というこことを知らんか——っ！

わかったヨッ！

コテカン
俺にいわせりゃそもそも過去世や来世があるなんていうこと自体ばかばかしくって信じられないね！

人間、死んで肉体がなくなっちまえば心も意識もあるはずがないだろ！死んじまったが最後それっきりのものさ！

だから生きている間に大いに楽しんどくに限るのさ！

この一生はこの世一回限りしかないんだからよ！

くそまじめに生きたって何の楽しいことがあるもんか～～

とね！

おれも楽しみたいよ～～

ナキ

第一、過去世なんていうけれど
過去世のことを憶えている人間なんて
どこにもいないじゃないか！
本当に俺が
過去世にも生きていたというのなら
ちょっとぐらいは憶えていても
よさそうなもんだ
何ひとつ、思い出せないというのも
過去世なんて、もともと
ないからさ！
じゃあ聞くが
おめえ！
一、二才の頃のこと
憶えているか!?
おふくろの腹の
中にいた時のこと
思い出せるか!?
今も、その頃も
同じおめえさん
なんだぞ！
アイシテ〜〜ン
おれなんか
五、六才の頃の
ことも思い
出せない！
でも生きて
いたことだけは
たしかだ！
こんなおつむで
前世のことなんか
思い出せる
訳ないよ！
同感……！
その他オーゼー
まあ、そのように
我々の過去のことは
どんどん記憶の中から
消されてゆく。
過去世の記憶も
死をはさんで
まったく記憶から
消えてしまう。だが
はるかな過去から
延々と続いて
消えない記憶も
現実にあるのだよ。
へ〜〜え
どんな記憶？

それは生命の
最も奥深い
ところの記憶だ。
すべての赤ん坊が
誰に教わるでもなく
オッパイの吸い方を
知っている！
体内の組織や器官が
それぞれの役割に応じて
それぞれの働きをするのも
誰かに教わる訳の
ものでもない
這うことも、
やがて歩き出すことも
誰に教わる訳でもない。
あらゆる生き物の本能は
生命の奥深いところの記憶だ。
NO
コンピューター
×
白血球
酸素
赤血球
消化液
エサ
イ

さらに科学の進歩のおかげで人間のはるかな過去におけるおどろくべき事実も今や、次々と明らかにされつつある!!

え〜〜〜!

おどろくべき事実だって!? こりゃおどろいた!

アホが!! まだ聞きもしないうちにおどろいていやがる
まいったもんだよ!

アイシテーン博士! 出番ですよ〜〜っ
また、じゃまするのか!

ふらふらら〜〜

わしゃカラオケは苦手なんじゃ
骨まで愛してほしいのよ〜〜

カラオケではありません 科学が明らかにした生命の神秘について一言!

こりゃ又お古い!

NHK

しようがない！ほんじゃ、まいっちょうしゃべろか！
本日はセーテンなり あ〜〜あ〜〜〜
人間は胎児の間母親の胎内で育つ！その間に、外の世界は十ヶ月間の月日が過ぎてゆく。
ところが!! 胎児が母親の胎内で体験する時間の長さは実に二十億年以上もの年月なのだ！
え〜 どういうこと〜〜？
10ケ月
20億年
外では十ヶ月！中では二十億年！
そりゃまたどういうことだんべ
その他オーゼー
そういやあ特殊相対性原理とかいうものの中にもけったいなのがあったよなあ！
止っているものより動いているものの方が時間の経つのが遅いんだって！
ロケットに乗って光速で何年間か宇宙を飛んで帰ってきたら地球で待ってた人達は、みんなとっくの昔に年とって死んでしまってるそうだ

分った！胎児は、おっ母の腹の中でじっとしてるから時間の経つのが早いんだ！

おっ母の方はやれ、買物だ！やれ、掃除だ！やれ、洗濯だと動き回るから時間の経つのが遅いんだ!!

だから胎児が二十億年でもおっ母の方は十ケ月……

アホか！

おっ母が光速で買物に行くというんか!!

コテン！

コテン
アキレカエル

ともかく胎児は母親の胎内において実に二十億年もの生命の進化を再現する!!

その出発点はたったひとつの精卵細胞！そこから胎児は魚の幼生とまったく同じ姿になる。そして次には両棲類から爬虫類と変わらぬものに変化しさらに哺乳類へと育ちブタ・イヌなどと変わらぬ脳の上に人間だけが持つ脳が完成され、そして人間の赤ん坊となってこの世に生れ出る！

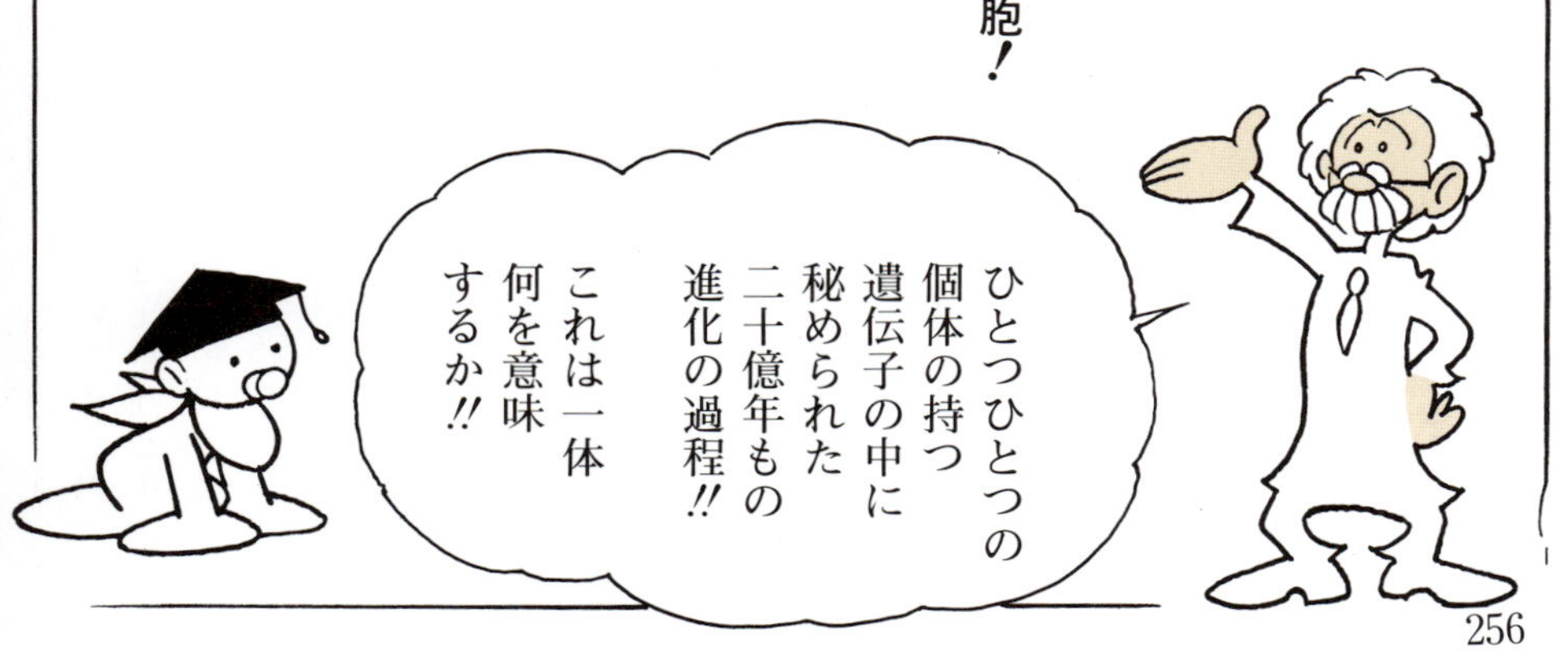
ひとつひとつの個体の持つ遺伝子の中に秘められた二十億年もの進化の過程!!
これは一体何を意味するか!!

人間は
はるかな過去には
とかげや、へびや
かえるなど
さらには魚の時代も
現実に過してきたと
いう事実だ!!

人間の個人個人が
前生において
どういう生き物で
あったかなどは
我々には
知るよしもない!

しかし人間全体として
過去においては
下等な生命状態を
宿命《しゅくめい》として生きていた
という事実だけは
今や、はっきりして
いるのだ!

人間の遺伝子が再現する
大古の歴史!それは
人間も、かつては
人間ではなかったという
事実を物語っている!

すべての人間が
諸法空相《しょほうくうそう》の中で
さまざまに変化する
宿命《しゅくめい》とともに
魚から人間にまで
進化してきたと
いうことだ。

そして、さらに
未来に続く宿命《しゅくめい》も
「空《くう》」なる次元の
法則性によって
我々の現実となって
あらわれてくるのだ。

人間は死んですべてが終る
のではない!
あ〜した天気になあ〜〜れ!
おめえら! 本気で来世があると信じられるか? あの世があると信じられるか?
さあ〜〜〜〜?
正直いって本気で・・ある! とも信じ切れないし・・・・・・・・
かといって絶対ない! とも、思い切れないいし・・・・・・・・
来世もてんご空《くう》〜〜
その他 オーゼー
わっからねぇ〜〜よ〜〜
死んだ方がえ〜よ〜

ともかく、もし本当に来世があるとなるとこの一生でいいかげんな生き方は出来ないいってことだよな！

うん！

おまえそうとういいかげんだぞ！

おかしな生き方をすりゃあとで大変なことになるんだもんな……

そうなのです！だから来世があっても困らないように正しく生きる努力をせねばならんのです！みなさん!! 清く正しく生きましょう!!

たてまえ
……と、人にはえらそうに云うけれど……

ほんね
し〜！

NOタリン
科学バカ
来世などありえない！霊魂もまたありえない！

どーして？

心も意識も単なる脳の働きに過ぎない！心も意識も脳の働きから生れているものだ！

その脳が死んでしまえばあとに何が残るというのか!?

意識は脳が作るもの！脳が死ねば意識も消える！脳のないところに意識もない！
霊魂が意識の一種なら意識のないところには霊魂もない！
……と、まあそう考えるのが一般的な考え方なのだが、実はそれが「空《くう》」の意味がまるで分ってない人の考え方なのだ
NOロリン
ケチロン
顚倒夢想！
空《くう》が理解出来ないうちは常に人間はそうしたさかさまの考えを当り前のこととしてしまう
太陽がまわってる！
地球
太陽
これは、地球が太陽のまわりを回っているのに地球から見て太陽が自分達のまわりを回っているのだ！と確信するのと同じだ。

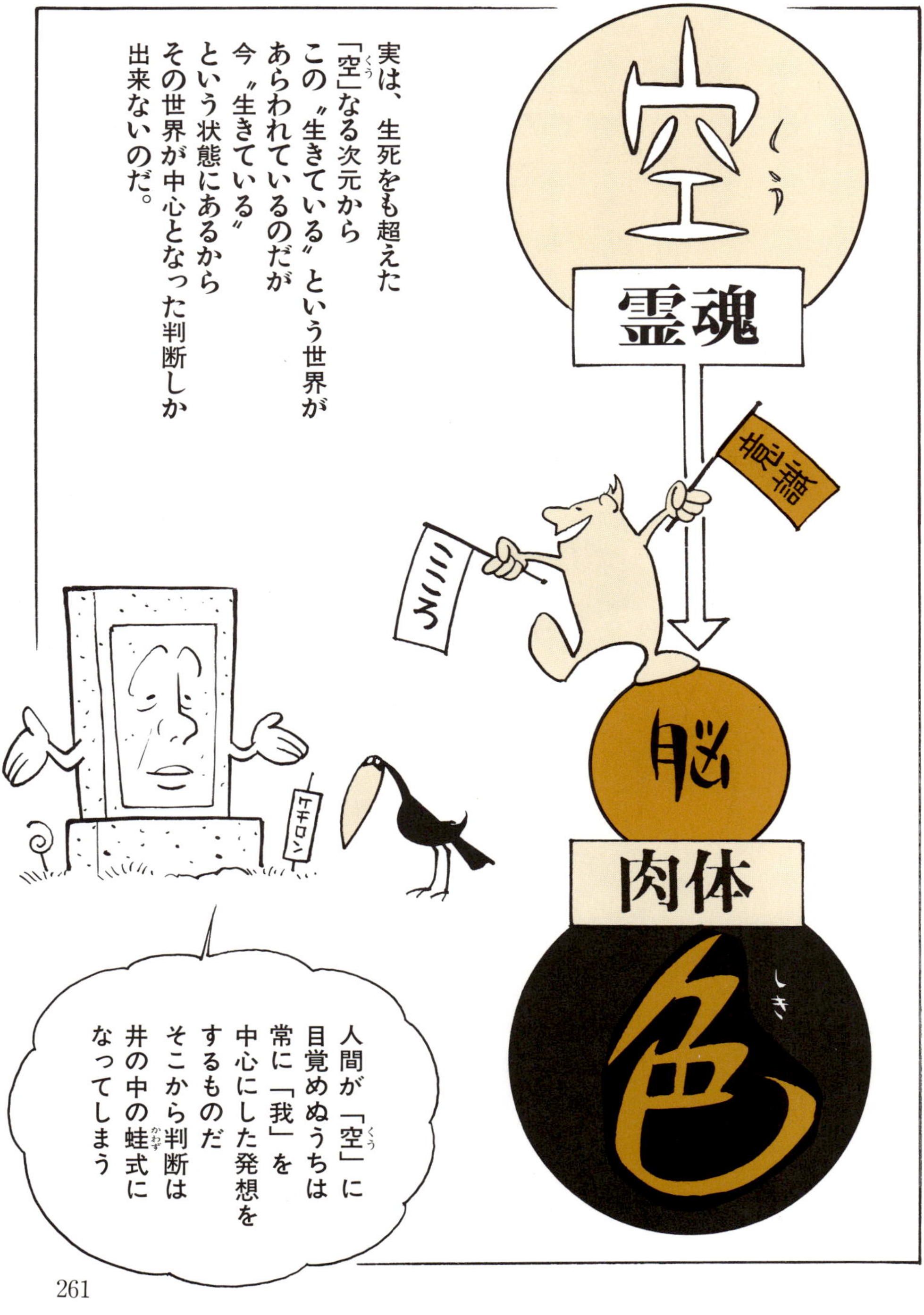
実は、生死をも超えた
「空《くう》」なる次元から
この〝生きている〟という世界が
あらわれているのだが
今〝生きている〟
という状態にあるから
その世界が中心となった判断しか
出来ないのだ。
空《くう》
霊魂
意識
こころ
脳
肉体
色《しき》
ケチロン
人間が「空《くう》」に
目覚めぬうちは
常に「我」を
中心にした発想を
するものだ
そこから判断は
井の中の蛙《かわず》式に
なってしまう

般若心経《はんにゃしんぎょう》に「諸法空相《しょほうくうそう》」とあるように
すべての現象
すべての存在の根源が
「空《くう》」なるもののあらわれとして
「色《しき》」という現象が生じている
色《しき》は「空《くう》」の相に過ぎない。

空《くう》
すべての根源
色《しき》
空の相

意識はたしかに
脳の働きと共にある。
しかし、その意識の根源は
脳が生んだものではない。
逆に意識の根源〝霊魂〟が
「空《くう》」なる次元から
「色《しき》」の世界へと働きかけ
脳を形成し
そこを舞台として意識や心を
働かせているのだ!!

脳の存在を超えた次元から
意識の根源〝霊魂〟が
〝脳〟という生命の働きを
成り立たせているのだ!!

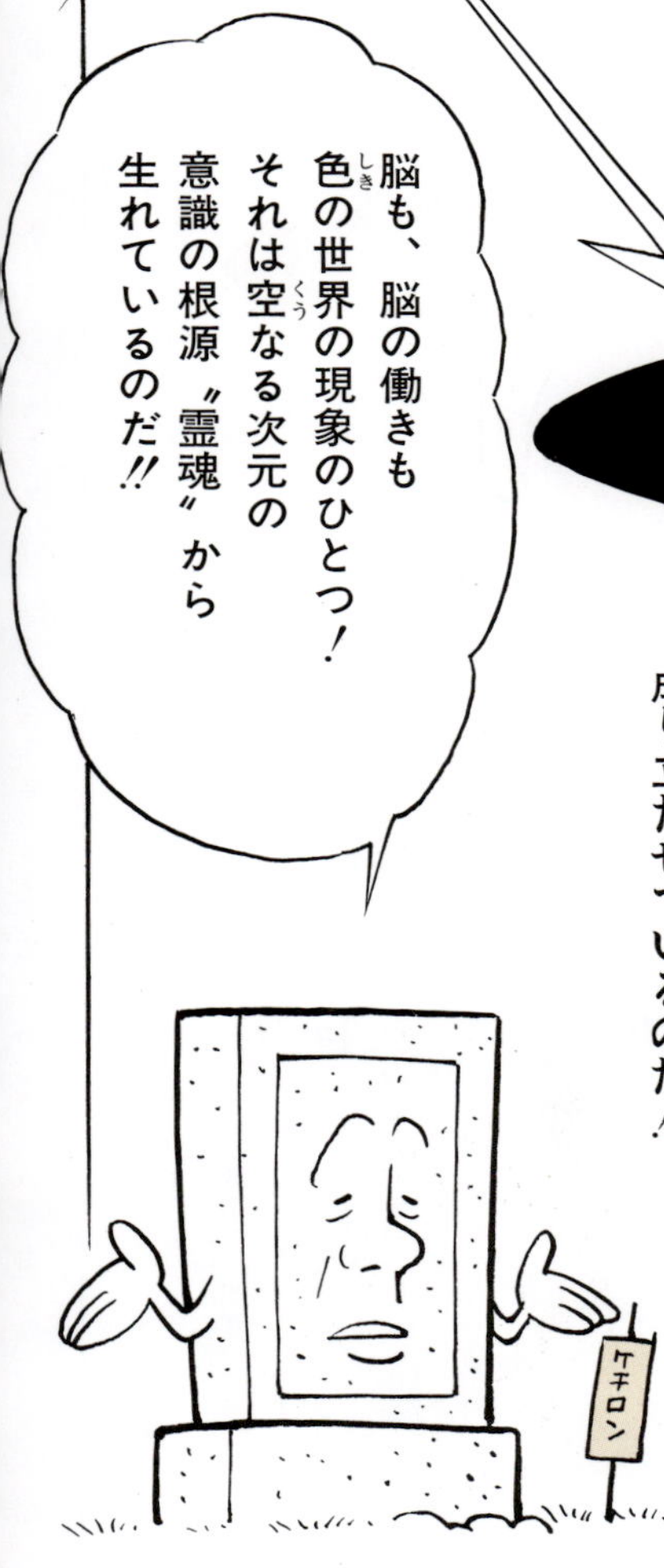
脳も、脳の働きも
色《しき》の世界の現象のひとつ!
それは空《くう》なる次元の
意識の根源〝霊魂〟から
生れているのだ!!
ケチロン

タマゴが先か？ニワトリが先か？
ニワトリが先に決ってるだろ ニワトリなしでタマゴは生れん！
それもさかさま!! タマゴが先！
ニワトリはタマゴの中からしか生れられない
ケキロン
でもそのタマゴはニワトリから生れるんじゃねえか！
ところがさにあらず！ タマゴの出発点はどこから生れてくる訳のものじゃない つまりタマゴとはいっても原形質の単細胞生物！
それが長い年月に延々と進化を続け そして今のニワトリになり…… そのニワトリがタマゴを生み、タマゴからニワトリが生れ、ニワトリが、またタマゴを生み、そのタマゴが……
もう けっこ
そんなことはどうでもいいから早く話をもとへ戻せよ！

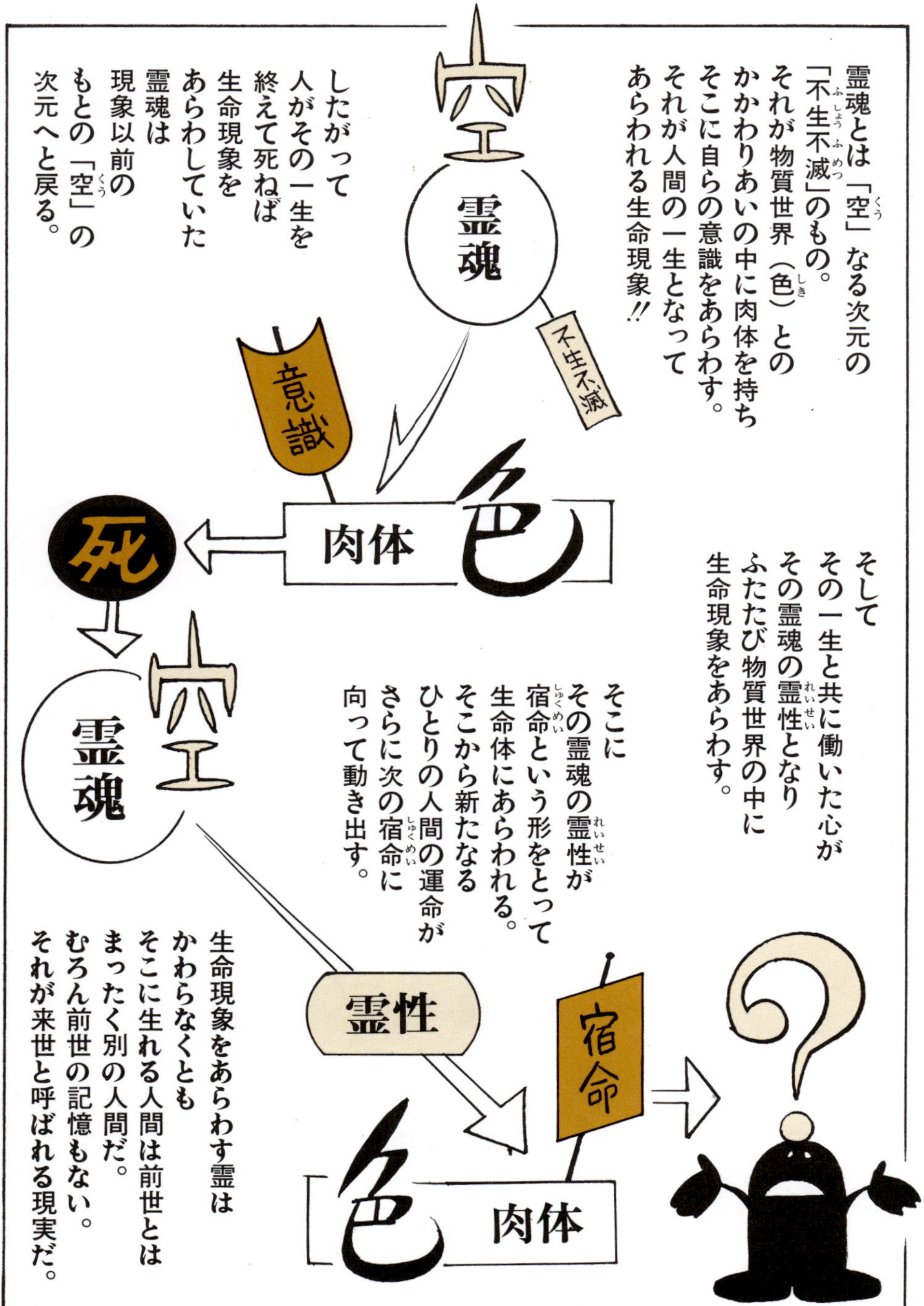
霊魂とは「空《くう》」なる次元の
「不生不滅《ふしょうふめつ》」のもの。
それが物質世界（色《しき》）との
かかわりあいの中に肉体を持ち
そこに自らの意識をあらわす。
それが人間の一生となって
あらわれる生命現象!!
空
霊魂
不生不滅
意識
色
肉体
死
したがって
人がその一生を
終えて死ねば
生命現象を
あらわしていた
霊魂は
現象以前の
もとの「空《くう》」の
次元へと戻る。
空
霊魂
そして
その一生と共に働いた心が
その霊魂の霊性《れいせい》となり
ふたたび物質世界の中に
生命現象をあらわす。
そこに
その霊魂の霊性《れいせい》が
宿命《しゅくめい》という形をとって
生命体にあらわれる。
そこから新たなる
ひとりの人間の運命が
さらに次の宿命《しゅくめい》に
向って動き出す。
生命現象をあらわす霊は
かわらなくとも
そこに生れる人間は前世とは
まったく別の人間だ。
むろん前世の記憶もない。
それが来世と呼ばれる現実だ。
霊性
宿命
色
肉体

「空《くう》」なるものを
色《しき》に偏った角度からとらえると
空《くう》を生きているこの一生という
枠の中のみの問題として
納得しなければならなくなる。
人間死んでしまえばそれ迄で
生死を超えた次元などというものは
一切、認めない！
という態度につながる。
おぎゃあ〜〜〜と生れてオダブツ！
死ぬ迄がすべてで
生れる以前、死んだ後など
一切関係なし！とする考えに
結びついている。

わ〜〜〜るかったねえ！そうしか思えないんだからすっかたねえだろが！
けっ！

しかし「空《くう》」とは、もともと
「不生不滅《ふしょうふめつ》」と説明されているように
生死を超えた次元のものだ。
それを「色《しき》」という
この一生の中に閉じ込めようとする
こと自体、無理な話だ。
大海を池に移そうとしても無理だ。
地球を地球儀に閉じ込めようがない。
生命現象の根源は生死の世界を
超えている。
それを「生」という一生の中でのみ
説明しようとするところに「色《しき》」に
偏った「空《くう》」の屁理屈が生れる。
それはまるでナンセンスだ。

何の実もなく何の役にも立たない屁理屈を並べてそれが人生の苦悩の解決の何になる!!

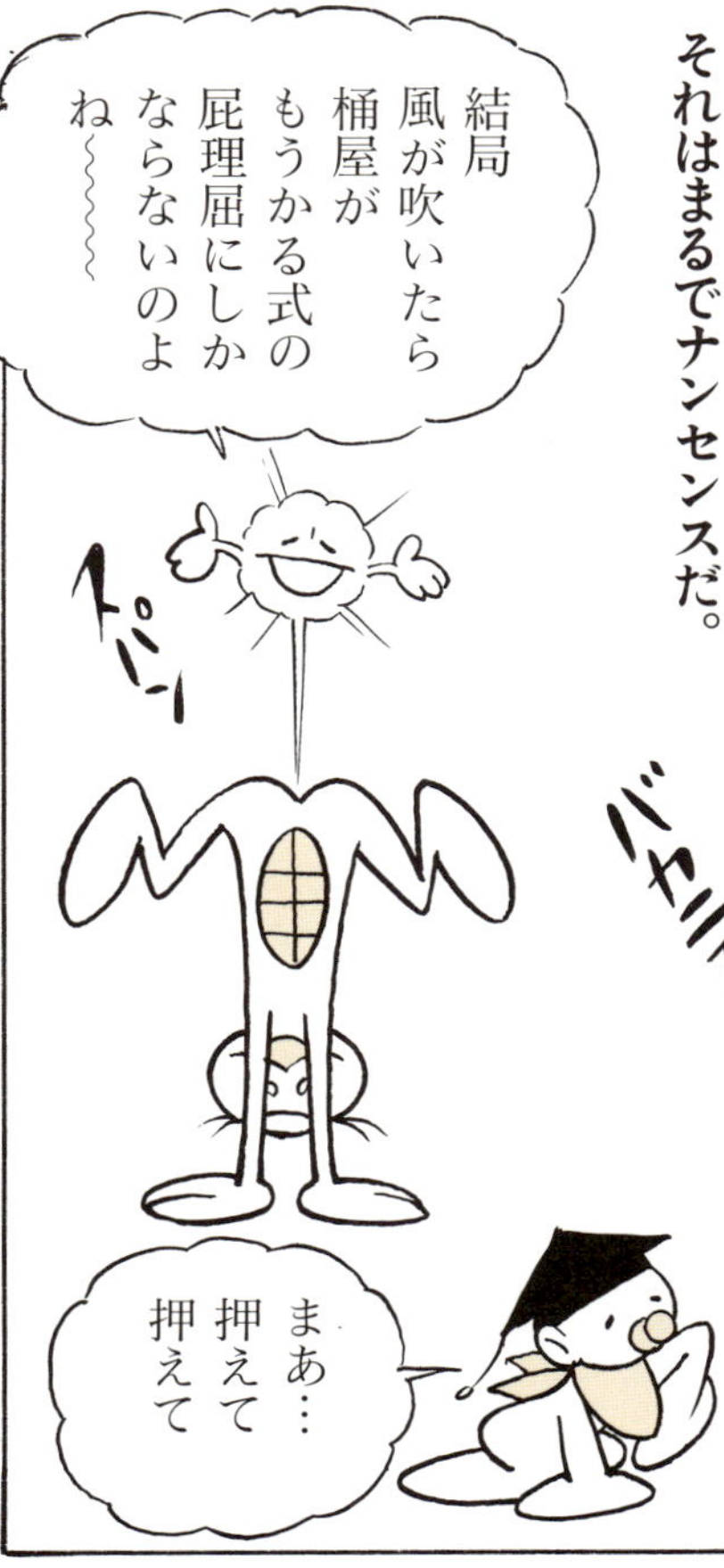
結局風が吹いたら桶屋がもうかる式の屁理屈にしかならないのよね〜〜〜〜
まあ…押えて押えて

したがって「空《くう》」を理解するには
この一生という枠の外の次元に
意識を向けねばならない。
死ねばそれですべてが終り！
という「色《しき》」に偏った偏見《へんけん》から
離れなければいけない。
個々の生命に
無限の過去があったと同じに
未来にも無限があることを
認めねばならない。
そこにおいて「空《くう》」なる表現が
〝生命の何を意味するか〟が
おのずと感じとれるようになる。

ケチロン

「空《くう》」は五感ではとらえ得ぬ次元だ
ヒトリヨガリ
生命の内奥の意識の感性において直感的に感応するしかない すなわち空《くう》の瞑想《めいそう》だ！
生命のアンテナによってとらえる以外に方法はないのだ
そう、そう…

空《くう》が何もなしのカラッポという意味じゃないってことはよく分ったけど……でも
空《くう》を存在の根源といわれても何となくはっきりしないんだけどな〜〜〜
く〜〜〜
もっともじゃもっともじゃそのへんをもっと具体的に理解しておく必要があるな
ブッタマゲッタの聖霊さま〜〜〜っ「空《くう》」の説明をもっと分りよ〜〜〜くやってくらっせ！
御大《おんたい》は人前に出るのが苦手でね！歯抜けの桑田二郎めは何してんのよ！アイツの仕事だよ！
アイツは歯の抜けたところから空気がもれるせいか表現がへたくそでねだめなんすよ
ここは、まあ御大《おんたい》みずから特別出演頼んます！
わ〜るかったに〜〜！

〈聖霊からのメッセージ〉
――空《くう》と色《しき》――

人間の生命を
「空《くう》」なる次元へとたどってゆくと
「霊」になる。

人間の心を
「空《くう》」なる次元へとたどれば
「魂」がある。

人間の精神進化を
「空《くう》」なる次元へとたどると
そこに「仏の聖霊」がある。

あらゆる現象を
「空《くう》」なる次元へとたどってゆくと
そこに「神々の聖霊」をみる。

すべての「空《くう》」の行き着くところに
存在を超えた「超存在」すなわち
根源なるものの一大心霊がある。

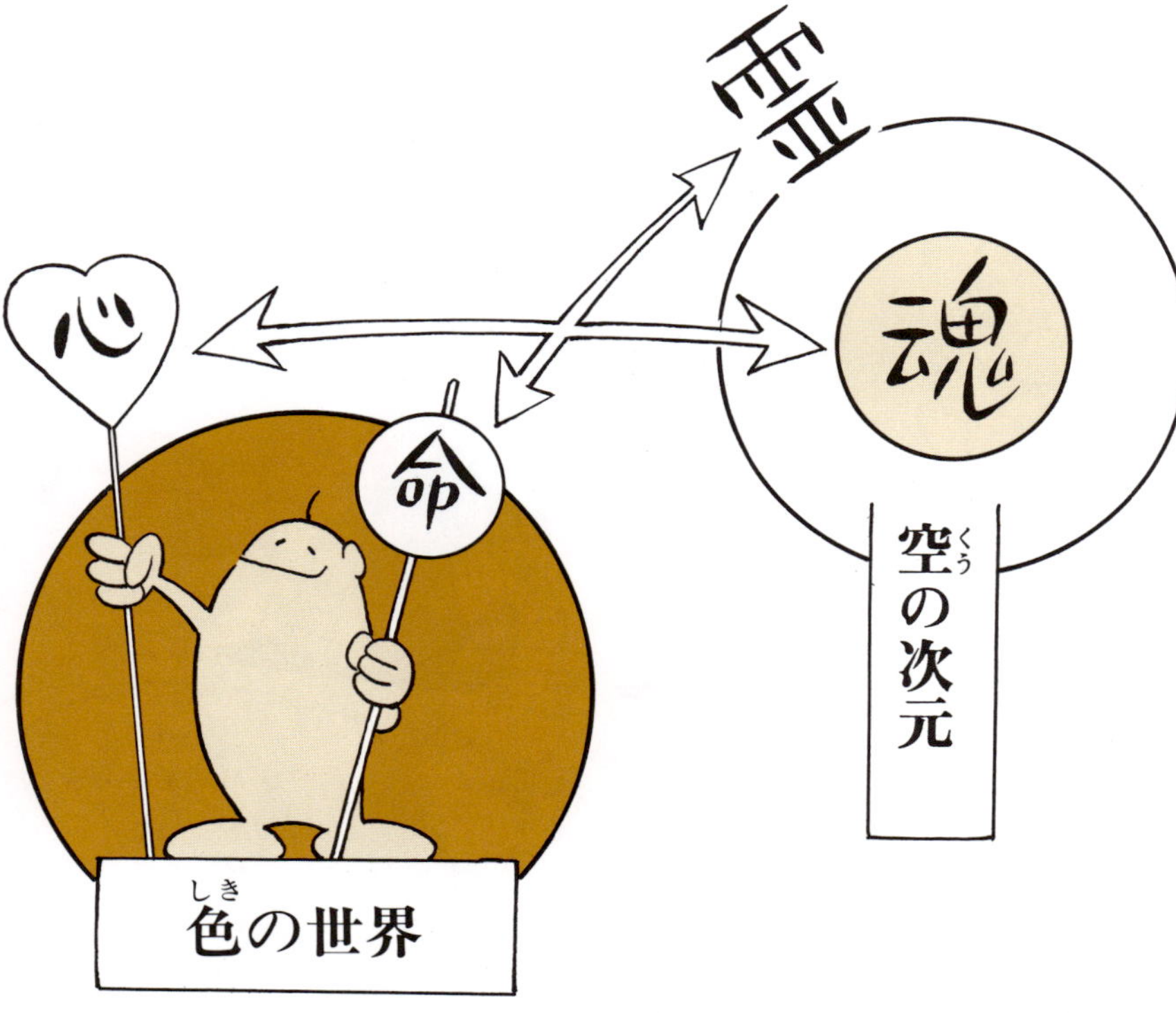

「霊」とは
空《くう》なる次元の個々の生命。
「魂」とは
空《くう》なる次元の個々の心。
「仏」とは
空《くう》なる次元の進化を極めた精神。
「神々」とは
存在の法則性の人格的表現。
「一大心霊」とは
存在の根源、すなわち「空《くう》」そのもの。

「空《くう》」なる霊が「色《しき》」の世界に
生命となってあらわれる。
「空《くう》」なる魂が「色《しき》」の世界に
心となって働く。
「空《くう》」なる仏の念が「色《しき》」の世界の
精神進化をうながす。
「空《くう》」なる神々の力が「色《しき》」の世界の
あらゆる現象を実体化させる。
そして「空《くう》」そのものは
自らをあらわそうとする
一大心霊の波動!!

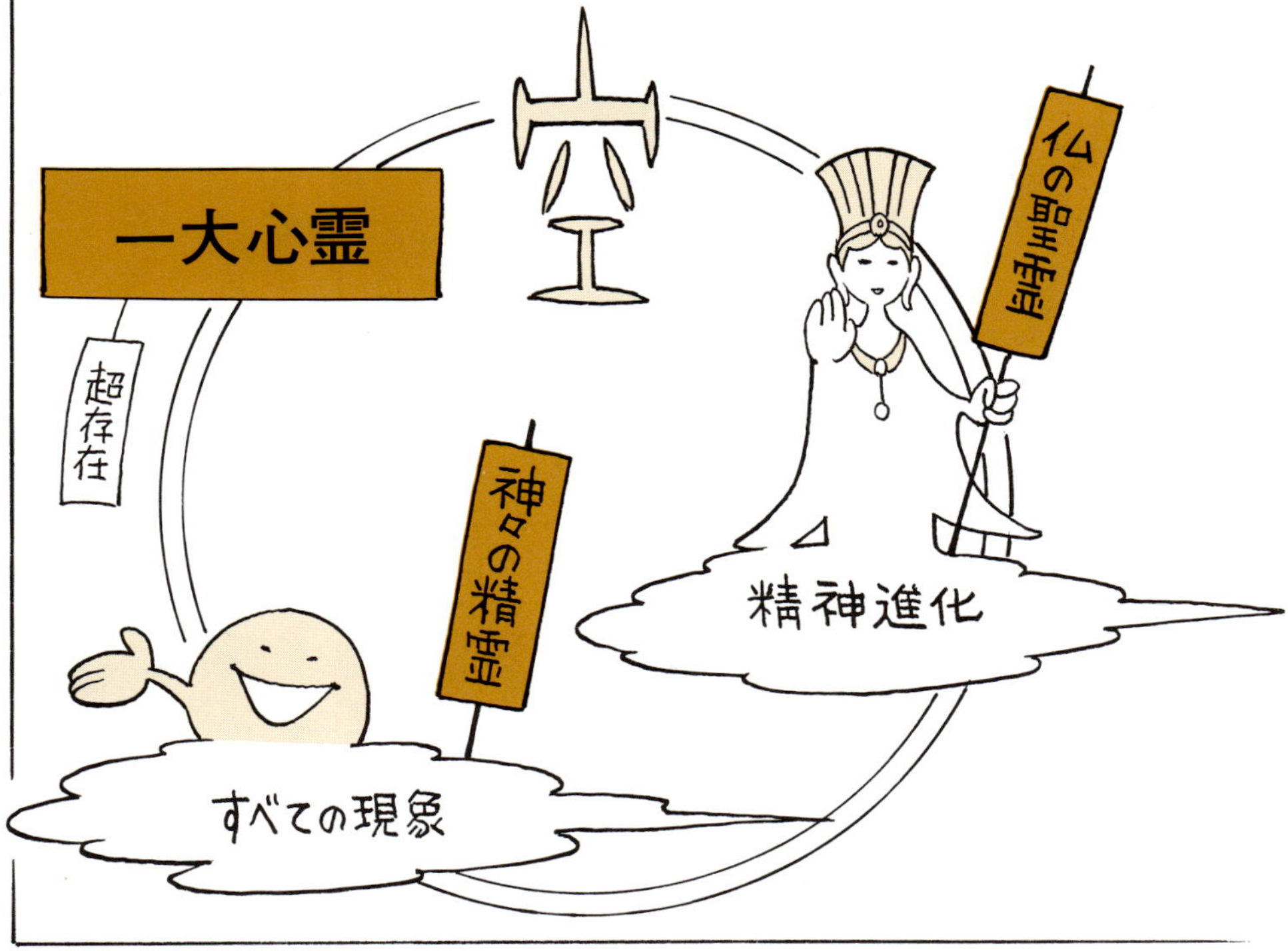

どうかね？
「空《くう》」の意味が
つかめたかね？
聖霊のメッセージに
あるように「空《くう》」とは
大きな意味では
神であり仏であり
小さな単位としては
魂や霊だ
うん
なんとなく
分って
きた
（空）←即是→（色）
霊↔生命（肉体）
魂↔心
仏↔精神進化
神々↔あらゆる現象
一大心霊↔超存在
分った？
ん？
俺がか？
ぜんぜん聞いて
なかったよ
そんな
一銭にも
ならんこと
まるっきり
興味ないね
ジョ〜〜
いったん心が
ひねくれると
簡単にゃ
なおらん
もんだ
気のどくに
な……
何がどうあれ
ともかく
オゼゼ稼がにゃ
今が生きて
ゆけないもんな！
それ以外のことは
ど〜でもいいよ

不《ふ》生《しょう》不《ふ》滅《めつ》
不《ふ》垢《く》不《ふ》浄《じょう》
不《ふ》増《ぞう》不《ふ》減《げん》
「空《くう》」の意味がはっきり分れば是《ぜ》諸《しょ》法《ほう》空《くう》相《そう》に続く不《ふ》生《しょう》不《ふ》滅《めつ》不《ふ》垢《く》不《ふ》浄《じょう》不《ふ》増《ぞう》不《ふ》減《げん》に秘められている意味も自然に見えてくる

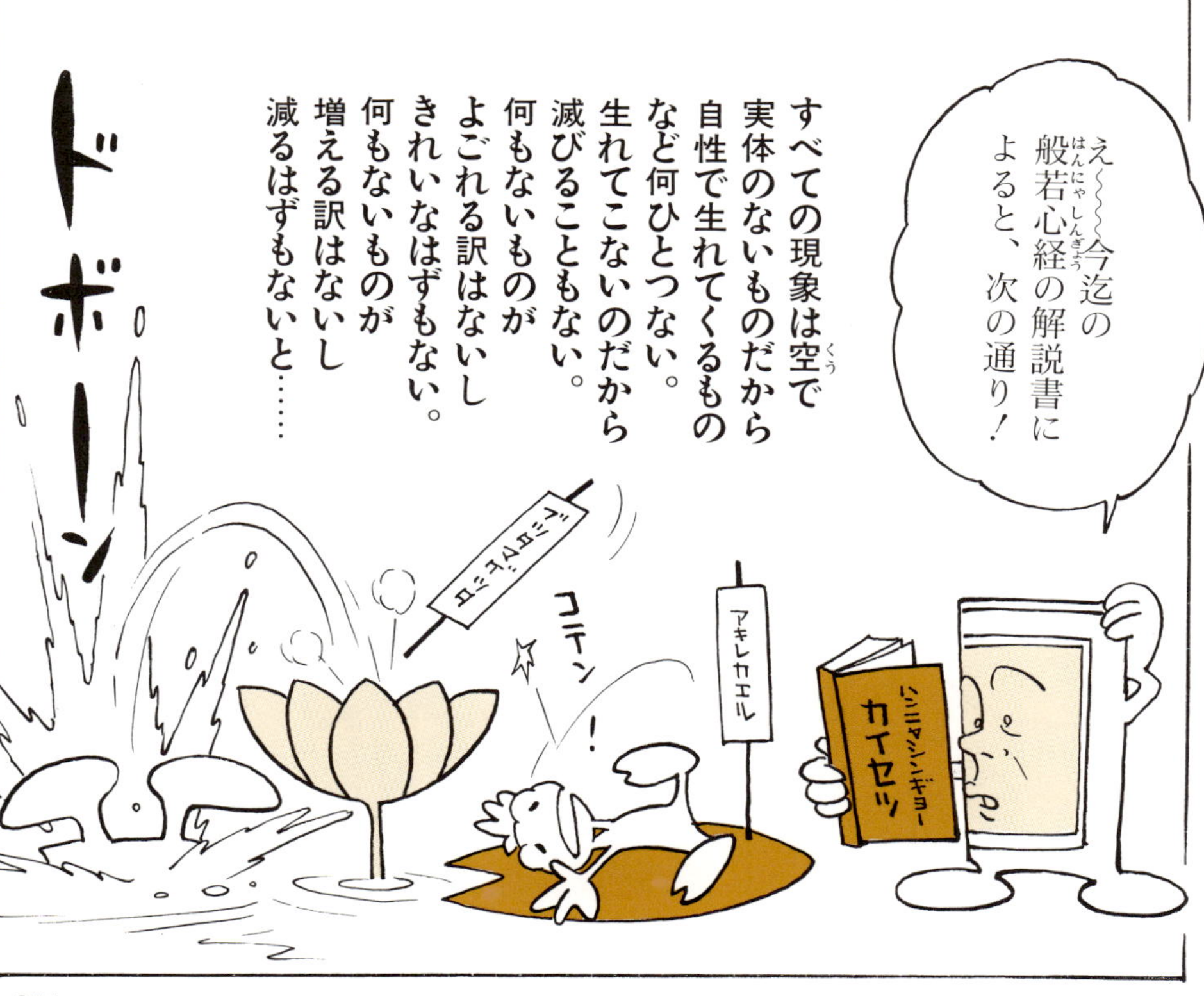
え～～今迄の般《はん》若《にゃ》心《しん》経《ぎょう》の解説書によると、次の通り！
すべての現象は空《くう》で実体のないものだから自性で生れてくるものなど何ひとつない。生れてこないのだから滅びることもない。何もないものがよごれる訳はないしきれいなはずもない。何もないものが増える訳はないし減るはずもないと……
ドボーン
コテン！
アキレカエル
ハンニャシンギョー
カイセツ

※自性とは、自らのみで成り立つこと。

今の解釈はジョーダンではないのかね
あ〜おどろいた！
ところがところが…なぜか　それが大まじめに書かれているんですよ
脱線した空《くう》の観念に無理にこじつけた意味を通すところに、こういう滑稽な解釈が生れる！
犯《はん》ニャ侵狂《しんきょう》怪説だ!!
しかし、これは千年以上も続いてきた昔からの般若心経《はんにゃしんぎょう》の解釈なんだぞっ
我々も・・すなおに歴史に伝わる般若心経《はんにゃしんぎょう》の解釈に従うべきだっ!!勝手な解釈は許されん!!
コテカン
ドクゼツ
およよ〜
これが理解出来ねば悟りなどないのだっ!!
そんなのが悟りなら悟れなくていいよ〜〜っ
あ〜〜あ
なげかわしい……

★空《くう》の相の三つの表現

まあ昔の解釈はそれをありがたがる人にまかせておいてこちらは経文に秘められたもっと深い意味をたどってみよう。

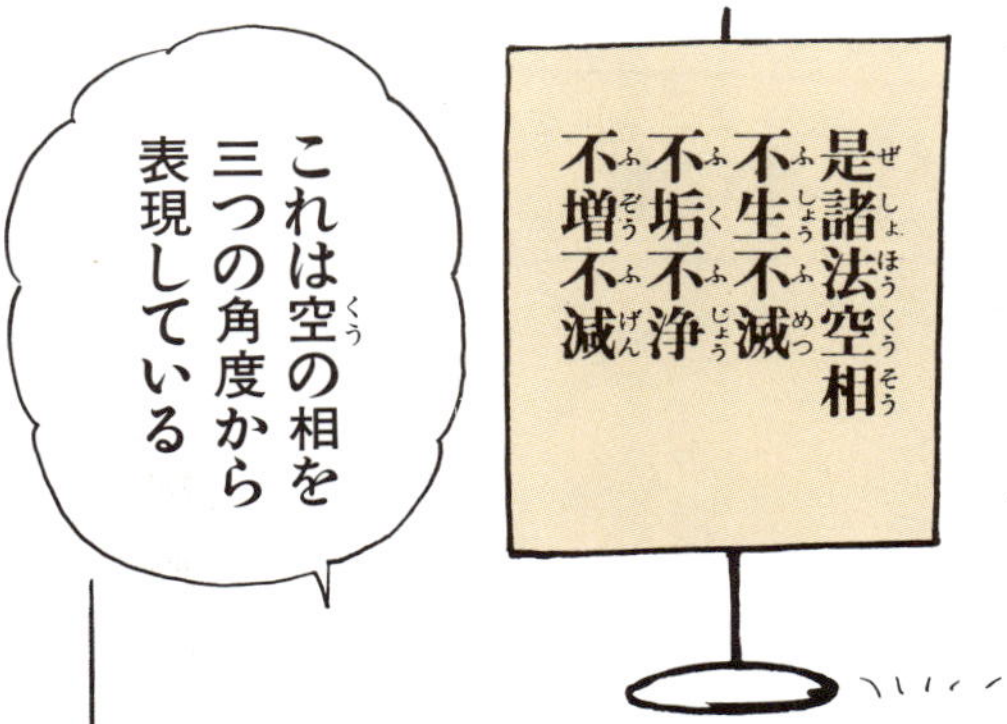

是《ぜ》諸《しょ》法《ほう》空《くう》相《そう》
不生不滅《ふしょうふめつ》
不垢不浄《ふくふじょう》
不増不減《ふぞうふげん》
これは空《くう》の相を三つの角度から表現している

つまり
「霊」として「空《くう》」は「不生不滅《ふしょうふめつ》」である
「魂」として「空《くう》」は「不垢不浄《ふくふじょう》」である
「法」として「空《くう》」は「不増不減《ふぞうふげん》」である
と説明しているのだ。

不生不滅
不垢不浄
不増不減
霊
魂
法

不生不滅《ふしょうふめつ》（霊）と不垢不浄《ふくふじょう》（魂）で個々の生命現象の本質を説明し不増不減《ふぞうふげん》（法）はあらゆる現象全体の説明となっている
ケチロン

不生不滅
まずは不生《ふしょう》不滅《ふめつ》から理解してゆこう……
「空《くう》」なる次元の霊は不生《ふしょう》不滅《ふめつ》の存在である
不生不滅
霊
空
色
生
滅
生命体
生命現象を空《くう》なる次元へとたどってゆくと霊になる
霊が空《くう》なる次元から物質界へ働きかけて生命体が実体化する

その生命体はある時、生れそして死ぬ。

さらに来世に生れ生と死を繰り返す。

しかしそれをあらわす霊性《れいせい》の本質そのものは生も滅も関係がない。

「空《くう》」の次元の霊の本質は生滅を超えて不生《ふしょう》不滅《ふめつ》の存在だ。

不垢不浄
お次は
不垢不浄《ふくふじょう》
空《くう》なる次元の
魂の本質は
汚れや
清らかさを
超えている
魂
空
色
人間の心を
「空《くう》」なる次元に
たどってゆくと
魂になる！
魂が「空《くう》」なる
次元から人間の
脳と結びつき
心となって
働いている。
そこにおいて心は
まわりの条件と共に
ある人は醜く汚れ
ある人は清らかさを保ち
あるいはその時々に応じて
さまざまに変化する。
きよらかな心
けがれた心
たのしい心
怒った心
しかし
心を作り
出している
魂そのものは
汚れや
清らかさの
以前にあり
そこにおける
魂の本質は
不垢不浄《ふくふじょう》である。

不増不滅
ズズズ
そして不増不減《ふぞうふげん》……存在の根源としての空《くう》は不増不減《ふぞうふげん》なるものである
あらゆる現象は存在の法則性の中からあらわれ出る。その現象そのものはさまざまな姿で増減を繰り返すがその現象をあらわす存在を超えた存在は増すこともなく減ることもない永遠不滅なる超存在。
要するに神じゃよ
しかしこれをさらに分りよ〜く納得するには……
アイシテ〜ン博士出番ですよ—っ
アイシテ〜〜ン

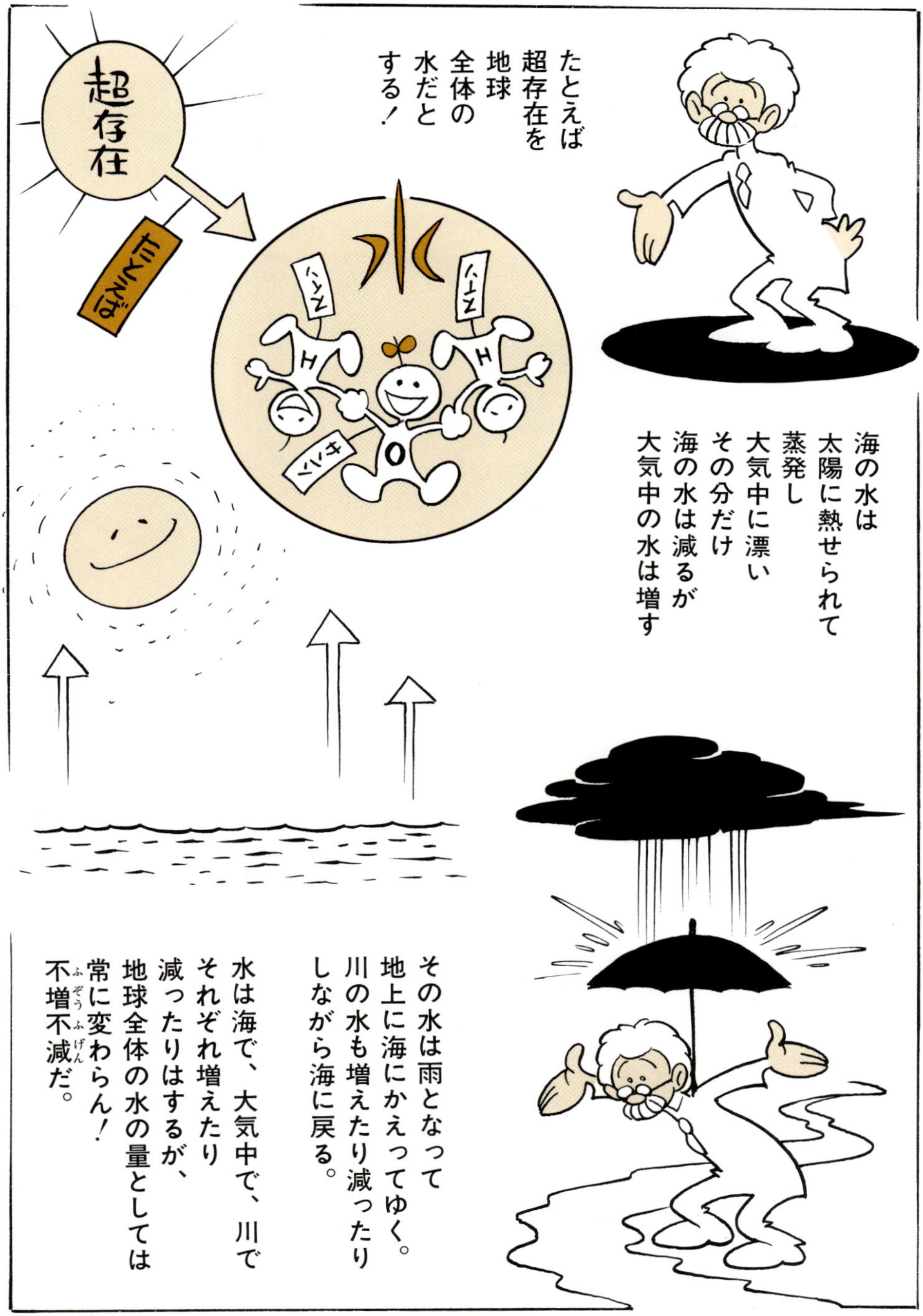
たとえば超存在を地球全体の水だとする！
超存在
たとえば
水
海の水は太陽に熱せられて蒸発し大気中に漂いその分だけ海の水は減るが大気中の水は増す
その水は雨となって地上に海にかえってゆく。川の水も増えたり減ったりしながら海に戻る。
水は海で、大気中で、川でそれぞれ増えたり減ったりはするが、地球全体の水の量としては常に変わらん！不増不減《ふぞうふげん》だ。

たとえば「超存在」を宇宙とする。宇宙は無限の時間の中で膨張と収縮を繰り返しているという。

現に宇宙の一部ではブラックホールといわれるところがあり、そこでは極限に迄収縮した強力な重力場のため光さえ脱出出来ずにのみ込まれてしまう！

逆にホワイトホールといって何もないように見えるところから物質が爆発的に生じている宇宙もある。宇宙の部分部分においてさまざまな姿の増減が起ってはいても、宇宙全体は不増不減《ふぞうふげん》だ！

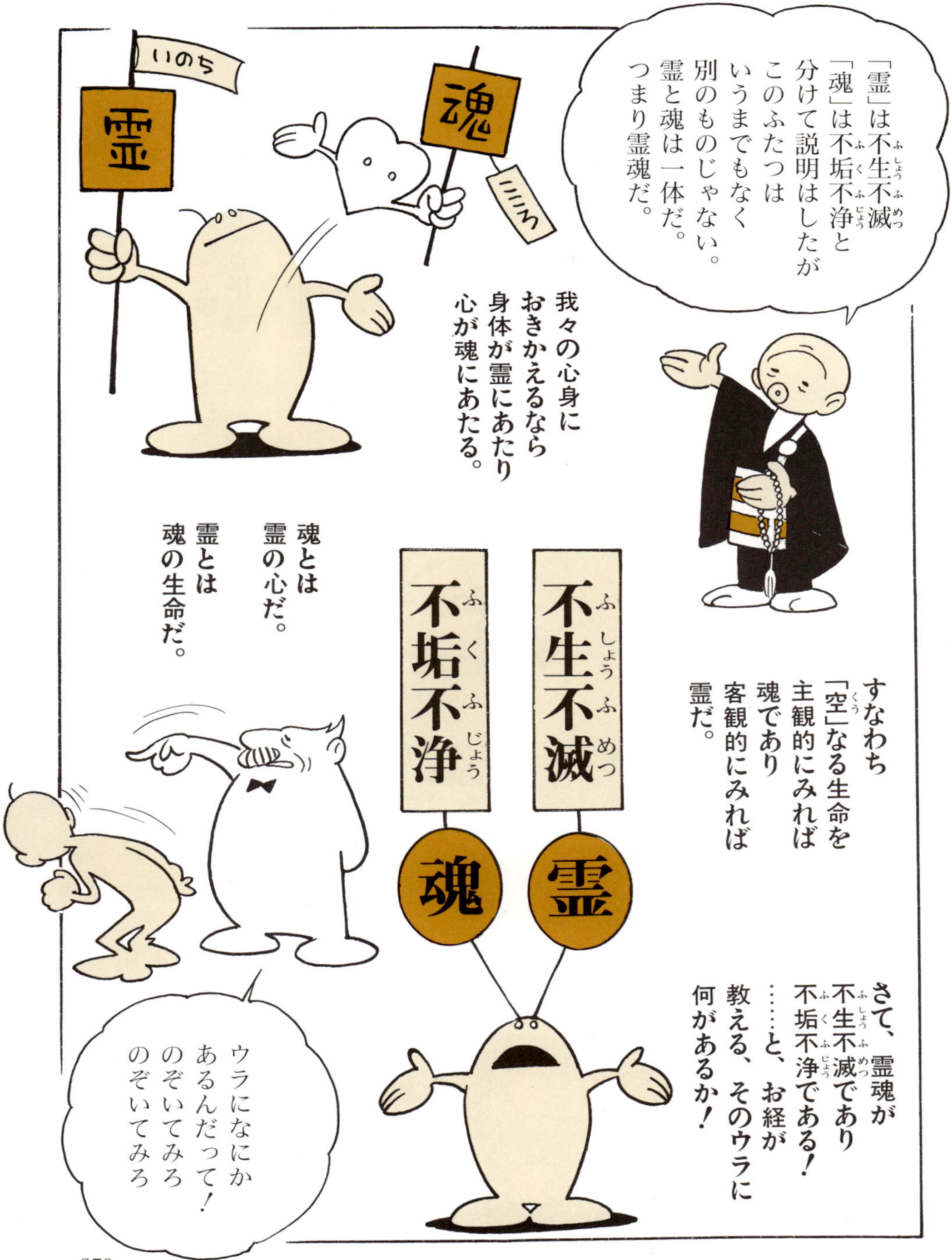
「霊」は不生不滅《ふしょうふめつ》「魂」は不垢不浄《ふくふじょう》と分けて説明はしたがこのふたつはいうまでもなく別のものじゃない。霊と魂は一体だ。つまり霊魂だ。
魂
こころ
いのち
霊
我々の心身におきかえるなら身体が霊にあたり心が魂にあたる。
すなわち「空《くう》」なる生命を主観的にみれば魂であり客観的にみれば霊だ。
魂とは霊の心だ。
霊とは魂の生命だ。
不生不滅《ふしょうふめつ》
不垢不浄《ふくふじょう》
霊
魂
さて、霊魂が不生不滅《ふしょうふめつ》であり不垢不浄《ふくふじょう》である！……と、お経が教える、そのウラに何があるか！
ウラになにかあるんだって！のぞいてみろのぞいてみろ

★お経のウラに秘められた生命の実相

お経の言葉は方便《ほうべん》で書かれてある。
いわんとすることは
常に言葉のウラにある。
そこに気付かず、言葉の表面の
意味だけたどったところで
まるっきりお経を理解したことには
ならないし、まったく無意味だ。
大切な教えはお経の文字の
ウラに秘められているのだ!!
その教えこそがお経の価値なのだ!!

ウラが読みとれねば価値あるお経もカエルのヘソに念仏だ!!
ドクゼツ
コテン
なんでカエルのヘソなのよ~~~

う~~

耳がイタイだろ!

ただ価値あるお経!というコテカン式の思い込みだけでありがたがっても得るものなど何もない!!

さて!お経の言葉のウラの教えとは……!

ウラだウラだ…

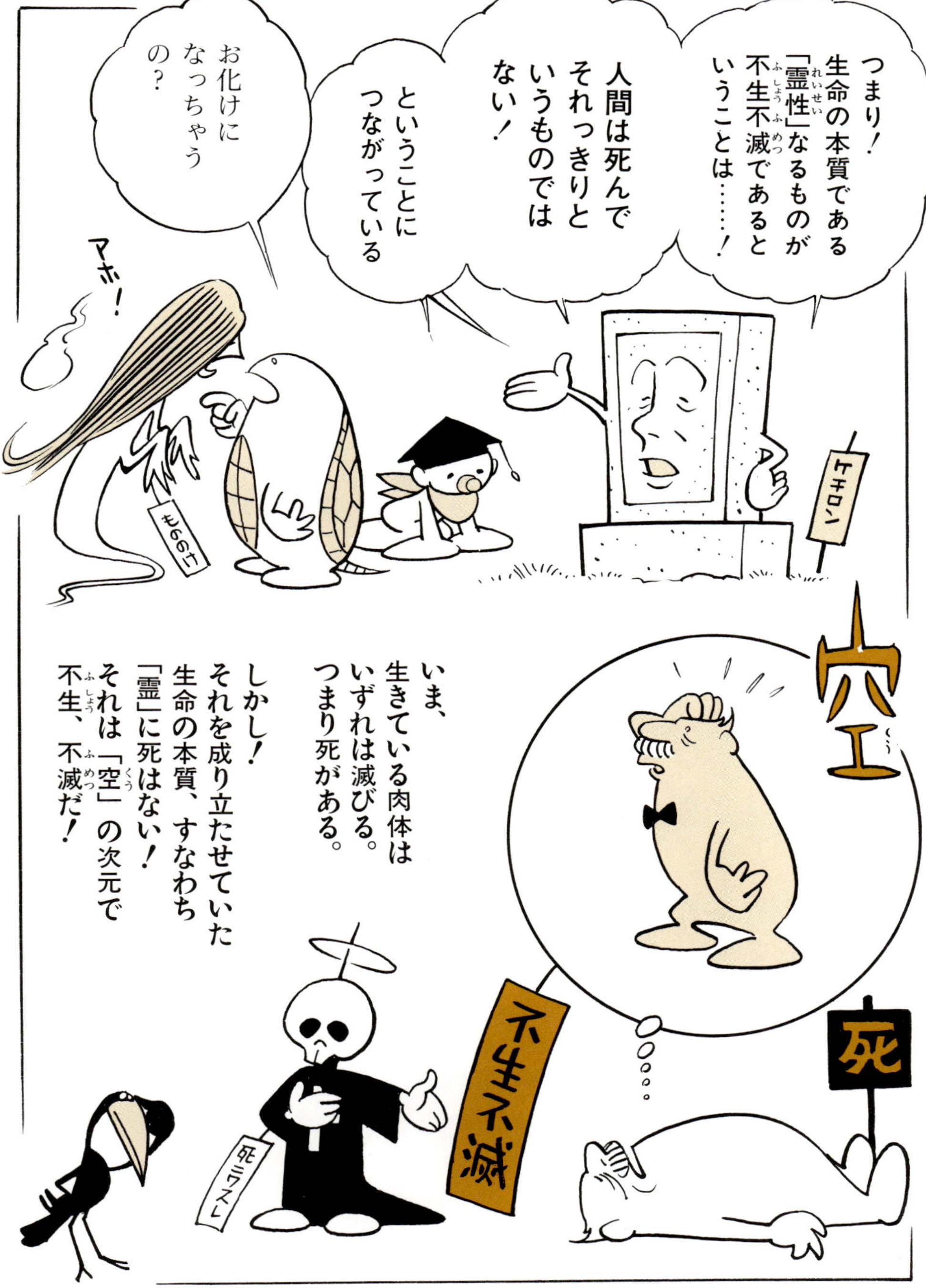
つまり！生命の本質である「霊性《れいせい》」なるものが不生不滅《ふしょうふめつ》であるということは……！
人間は死んでそれっきりというものではない！
ということにつながっている
お化けになっちゃうの？
アホ！
ケチロン
もののけ
空《くう》
いま、生きている肉体はいずれは滅びる。つまり死がある。
しかし！それを成り立たせていた生命の本質、すなわち「霊」に死はない！それは「空《くう》」の次元で不生《ふしょう》、不滅《ふめつ》だ！
不生不滅
死
死ニウスレ

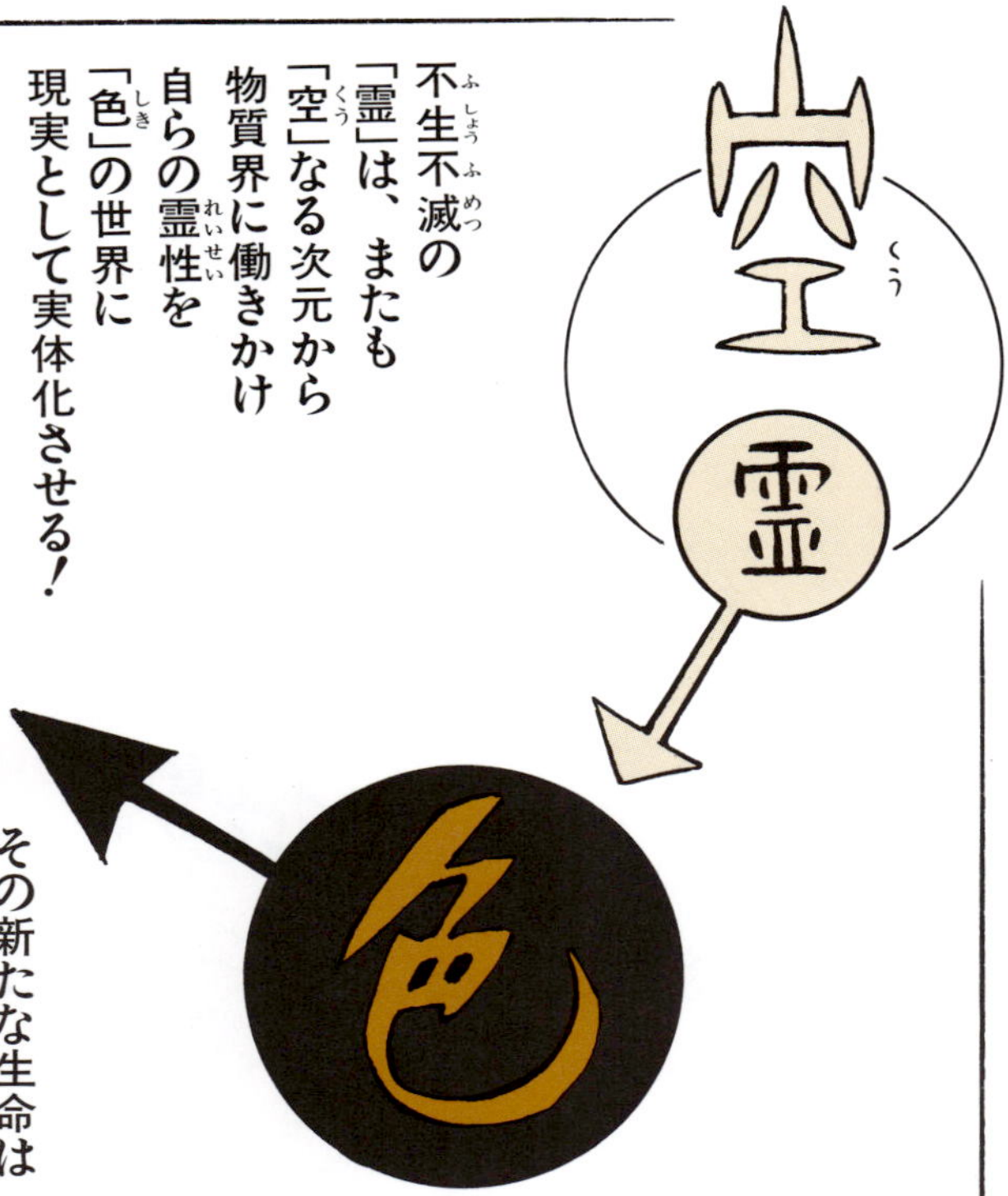

不生不滅《ふしょうふめつ》の
「霊」は、またも
「空《くう》」なる次元から
物質界に働きかけ
自らの霊性《れいせい》を
「色《しき》」の世界に
現実として実体化させる！
それが来世だ！

その新たな生命は
前の一生とは
まったく別の人間だ。
それは霊の性《さが》の中に
前の一生の宿命《しゅくめい》とは
違う宿命《しゅくめい》を
持っているからだ。

前の一生の
出発点における霊性《れいせい》と
新たな一生として生きる
出発点での霊性《れいせい》が
前の一生を過す間に
変わってしまっているため
そこにあらわれる宿命《しゅくめい》もまた
別のものになる訳だ。

その「霊性《れいせい》」を変化させるものは
前の一生で働いた「心」だ。
心の汚れ、心の清らかさが
そのまま次の一生の「霊性《れいせい》」へと
ひきつがれ、
生命の相となってあらわれてくる。

心の根源は「魂」
魂は不垢不浄《ふくふじょう》！その本質は
「超存在」の一大心霊の分霊！
それは、汚れや清らかさを
超えたもの……

だが、その魂がその人の心と
その人の霊体をつなげる「かなめ」
となっているのだ。
その人の心は、その魂を通して
空《くう》なる次元の霊性《れいせい》を変化させる。

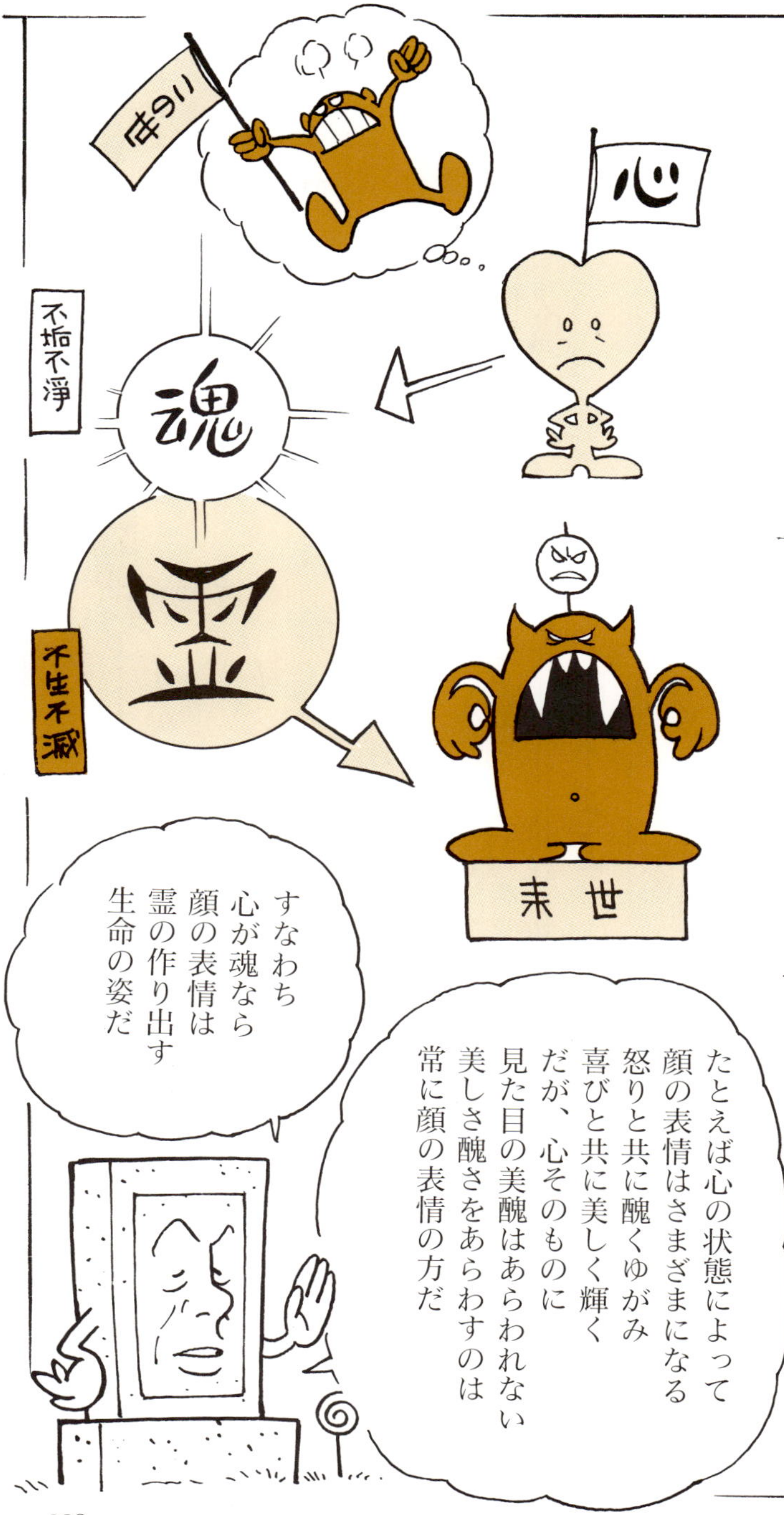
心
魂
不垢不浄
霊
不生不滅
来世
すなわち
心が魂なら
顔の表情は
霊の作り出す
生命の姿だ
たとえば心の状態によって
顔の表情はさまざまになる
怒りと共に醜くゆがみ
喜びと共に美しく輝く
だが、心そのものに
見た目の美醜はあらわれない
美しさ醜さをあらわすのは
常に顔の表情の方だ

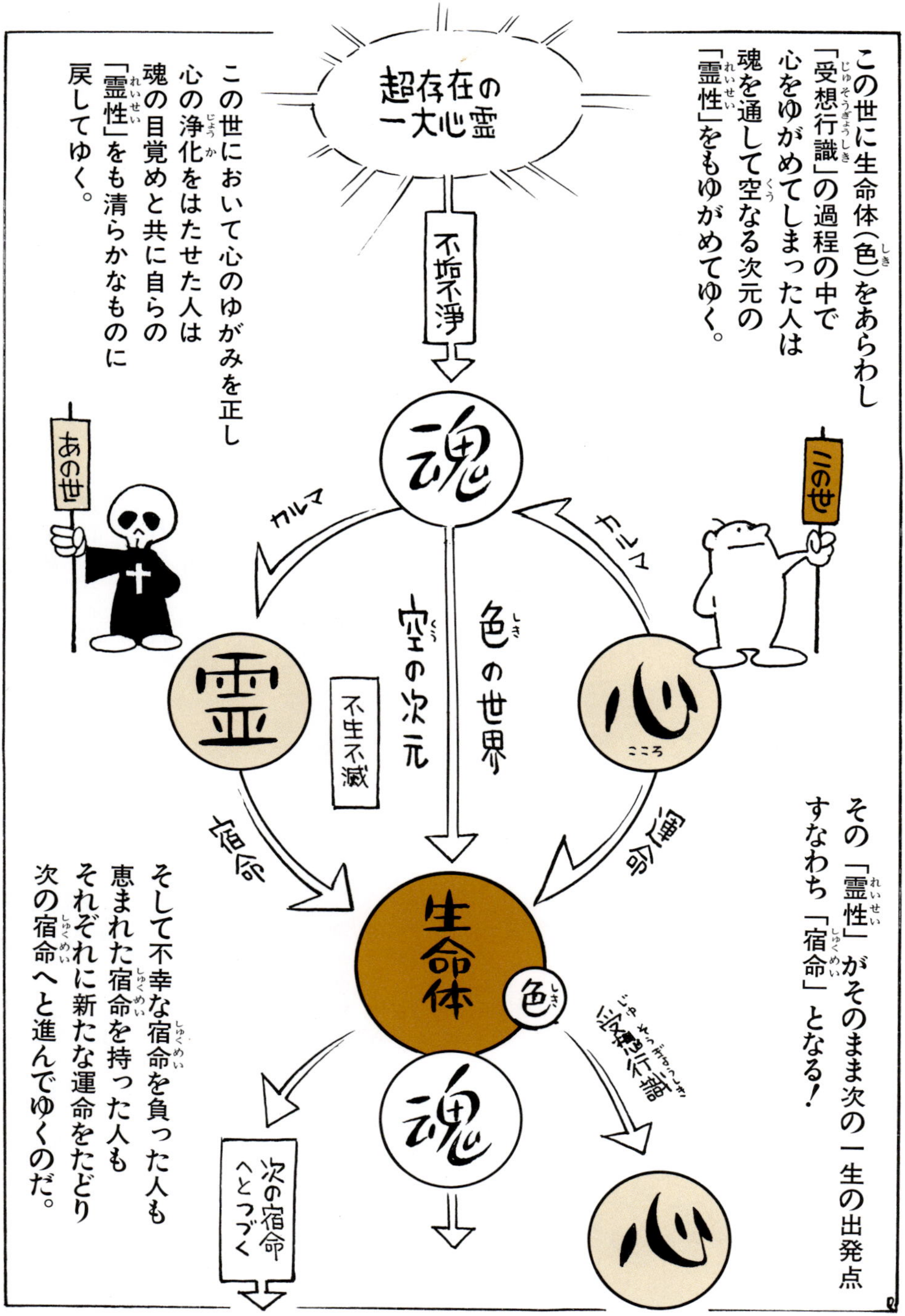
この世に生命体（色《しき》）をあらわし
「受想行識《じゅそうぎょうしき》」の過程の中で
心をゆがめてしまった人は
魂を通して空《くう》なる次元の
「霊性《れいせい》」をもゆがめてゆく。
超存在の一大心霊
この世において心のゆがみを正し
心の浄化《じょうか》をはたせた人は
魂の目覚めと共に自らの
「霊性《れいせい》」をも清らかなものに
戻してゆく。
不垢不浄
魂
この世
あの世
カルマ
カルマ
色《しき》の世界
空《くう》の次元
不生不滅
心《こころ》
霊
運命
宿命
その「霊性《れいせい》」がそのまま次の一生の出発点
すなわち「宿命《しゅくめい》」となる！
生命体
色《しき》
受想行識《じゅそうぎょうしき》
魂
心
次の宿命へとつづく
そして不幸な宿命《しゅくめい》を負った人も
恵まれた宿命《しゅくめい》を持った人も
それぞれに新たな運命をたどり
次の宿命《しゅくめい》へと進んでゆくのだ。

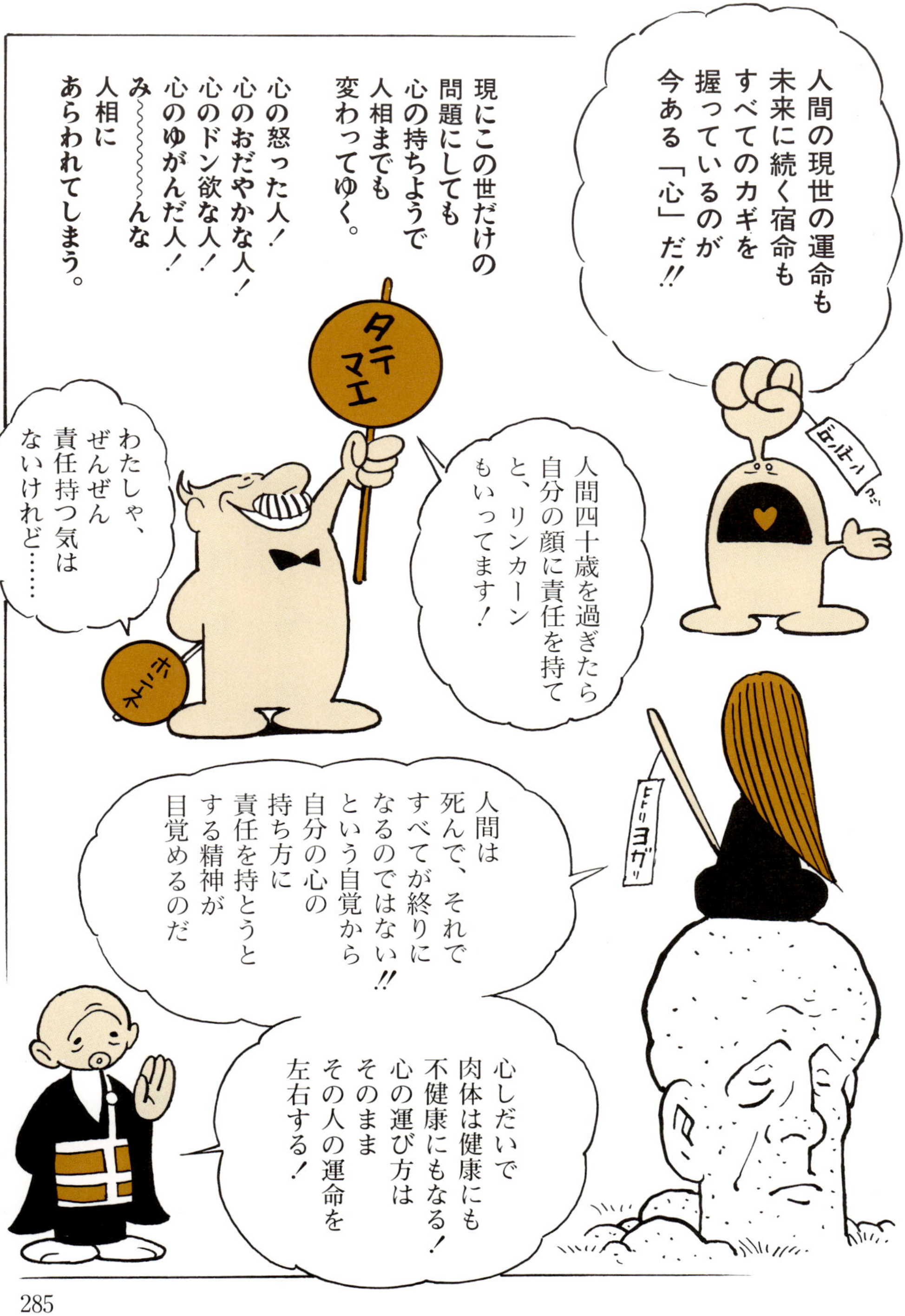
人間の現世の運命も未来に続く宿命もすべてのカギを握っているのが今ある「心」だ!!
現にこの世だけの問題にしても心の持ちようで人相までも変わってゆく。
心の怒った人！心のおだやかな人！心のドン欲な人！心のゆがんだ人！み〜〜〜〜んな人相にあらわれてしまう。
タテマエ
人間四十歳を過ぎたら自分の顔に責任を持てと、リンカーンもいってます！
わたしゃ、ぜんぜん責任持つ気はないけれど……
ホンネ
人間は死んで、それですべてが終りになるのではない!!という自覚から自分の心の持ち方に責任を持とうとする精神が目覚めるのだ
心しだいで肉体は健康にも不健康にもなる！心の運び方はそのままその人の運命を左右する！

〈聖霊からのメッセージ〉

――こころ――

心は何にふれてもそれなりに動く。
大切なことは
その心に振り回されないことだ。
その心の中にのめり込まないことだ。
その心と決して一体にならぬことだ。
その心に支配されないことだ。

動く心はさざ波のようなもの。
それと一体になると
さざ波は力を得て
だんだんと大きな波に育ってゆく。
砕け散るような
大きな波涛にまで育ってしまえば
もはや自分の力では
どうにもならなくなる。

心にさざ波が立っても
気にもとめず

のたまい

それをただの意識の現象として
別の心で眺めていればいい。
そうすれば、その心の動くさまが
不快な時にはいつでもやめて
心を別な方向に向けられる。
その心の動きが快いものなら
それはそれなりに楽しめる。

心は自分自身の本質じゃない。
肉体は次元で起っている意識のさざ波だ。
心の本質はその奥にある「魂」だ。
それは自分の意志で心から切り離せる。
心を魂とは別なものとして取り扱える。

そこに気が付かないと
魂はいつのまにか心に支配され
その手下となって
心のエゴに振り回され
ズタズタに傷つき、ゆがめられてしまう。

自分の心は自分じゃない。
本当の自分の本質とは、
その奥にある霊的な魂だ。
それの目覚めが精神進化の第一歩だ。

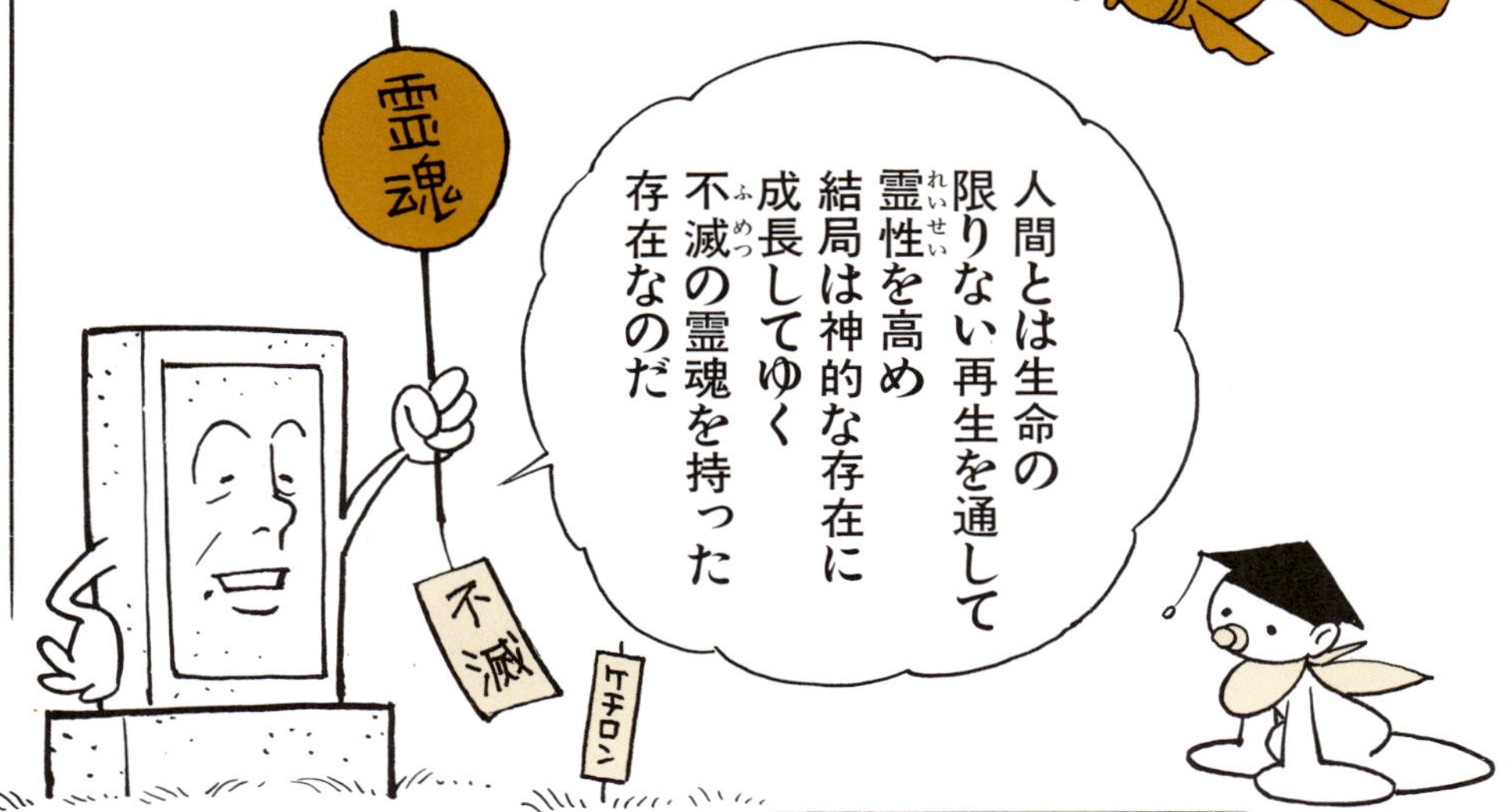
人間とは生命の
限りない再生を通して
霊性《れいせい》を高め
結局は神的な存在に
成長してゆく
不滅《ふめつ》の霊魂を持った
存在なのだ
霊魂
不滅
ケチロン

（般若波羅蜜多篇に続く）

桑田二郎（くわた　じろう）

1935年（昭和十年）大阪府吹田市生まれ。十三歳で青雅社よりデビュー作品『怪奇星団』を刊行後、中学生時代から漫画家の道を歩む。作品の数はかぞえきれないが、代表作としては、『まぼろし探偵』『月光仮面』『エイトマン』など。

四十二歳の厄年を境にして、瞑想を通しての内面的次元の意識の目を開きはじめ、『般若心経』をはじめとして、『観音経』『古事記神話』『チベット死者の書』『釈迦伝説』『旧約聖書の創生記』等に秘められた、超次元的な“いのち”の真理の解明に取り組み、今に至る。

現在は都会を離れ、鹿島の大洋村に在住。

絵で読む般若心経　色即是空篇

2000年 7月20日　初版発行
2014年12月17日　十六刷発行

著　　者：桑田二郎
編集協力：有限会社メディアマネジメント
発 行 者：木谷仁哉
発 行 所：ブックマン社
〒101-0072 東京都千代田西神田3-3-5
TEL 03-3237-7777
印刷・製本：図書印刷株式会社

ISBN978-4-89308-405-7 C0014

Printed in Japan

装丁デザイン：石井小百合（クラップス）